KB199531

영혼의 사이즈^{size}를 키워라

A. W. 토저 마이티 시리즈(A. W. TOZER Mighty Series)

토저는 교인수의 성장을 위해서라면 대중의 인기에 야합하고, 거대 기업의 경영방식을 무차별 차용하고, 할리우드 엔터테인먼트 방식을 예배에 도입하는 것에 대해 통렬한 비판을 가하였다. 그는 현대의 교회가 물량적 성장을 위해서라면 교회의 순결성을 포기하는 듯한 자세를 보일 때는 그것을 좌시하지 않고 언제나 선지자의 음성을 발하였다. 듣든지 안 듣든지 이스라엘 교회의 세속화를 준열히 책망했던 예레미야처럼, 토저도 시대에 아부하지 않고 하나님교회의 순정성(純正性)을 파수하기 위해 '강력한'(Mighty) 말씀을 선포했다. 그래서 토저는 '이 시대의 선지자'라는 평판을 들었다. 토저가 신앙의 개혁을 위해 외쳤던 뜨겁고 강력한 메시지를 이 시대의 우리도 들어야 한다. 말씀과 성령에 의한 개혁이 절실히 필요한 이때, 규장에서 토저의 강력한(Mighty) 메시지들을 'A. W. 토저 마이티(Mighty) 시리즈'로 출간한다.

"토저의 설교는 설교단에서 발사되어 청중의 마음을 관통하는 레이저 광선과 같다." – 워런 위어스비

THE SIZE OF THE SOUL

영혼의
사이즈 size 를
키워라

A. W. 토저

MIGHTY SERIES 29

규장

CONTENTS

03
부흥, 나에게서부터 시작되다

04
부흥, 함께 지어져 가다

이 책은 A. W. 토저가 1950년부터 1963년까지 썼던 사설들을 모아 만든 책 중 하나다. 1794년 J. 주베르는 "허풍은 지나친 관심을 요구한다"라고 말했다. 하지만 토저의 이 글에는 허풍이 없다. 어떤 바보라도 그의 글을 이해할 수 있을 정도로, 그의 글이 간결하고 명료하다는 것은 정말 놀라운 일이다. 우리 중 지식이 풍부한 사람들뿐만 아니라 일반 사람들도 그에게 큰 매력을 느낀다.

"…그의 펜에서 흘러나오는 언어는 생동감 넘치는 도구가 되었고 … 거기에는 언제나 지혜와 영적 분별력이 함께했다."

이런 지혜와 영적 분별력은 토저가 고백하는 다음과 같은 체험 때문에 가능했던 것이 아닐까? 그의 말을 들어보자.

열아홉 살 때 장모님 댁 거실에서 무릎을 꿇고 간절히 기도하던 내게 강력한 성령 세례가 임했다. … 나는 하나님께서 나를 위해, 내 안에서 무엇을 이루셨는지를 분명히 안다. 그때 내 밖에 있는 것들은 더 이상 중요하지 않았다. 그때 나는 절망 중에서도 믿음으로, 중요하지 않은 모든 것들로부터 지극히 중요한 것으로 펄쩍 건너뛰었던 것이다. 지극히 중요한 그것이란 바로 살아 계신 하나님의 영에 사로잡히는 것이었다!

이제까지 하나님께서 나를 통해, 또 그분을 위한 내 사역을 통해 이루신 모든 일들은 모두 그의 성령 충만 때문에 가능했다. 지극히 작은 것에 이르기까지 말이다. 나는 이 사실을 잘 알고 있기에 '그리스도의 몸'의 영적 생명을 강조하는 바이며, 또한 영원한 성령께서 하나님의 자녀들을 도구 삼아 영원한 일을 이루셔야 한다고 역설하는 바이다.

지금 세대는 성령 세례에 대해 별로 말하지 않는다. 하지만, 토저의 성령 세례 체험은 그가 가졌던 의사 소통 능력의 비결이 아니었을까? 성경은 "오직 성령으로 충만함을 받으라"(엡 5:18)라고 가르친다. 토저의 고백이 우리가 '그리스도의 몸'의 영적 생명을 회복하는 데 도움이 되기를 간절히 바란다.

The Size of the Soul

1

부흥,
영혼의 집
키우기

오직 성령이 너희에게 임하시면 너희가 권능을 받고

사도행전 1장 8절

오직
그분이
하신다

그리스도 밖에 있는 사람들은 종종 "나는 살면서 정말 큰 죄는 짓지 않았어"라면서 스스로를 위로하려 한다. 사소한 잘못은 범했을지 몰라도 중대한 죄를 범하지는 않았으니 하나님께서 그들의 죄를 계수하실 때 어느 정도 사소한 잘못은 분명히 눈감아주실 것이라고 생각한다.

그러나 하나님 앞에서 가장 먼저 인간의 운명을 결정하는 것은 죄의 크기나 정도가 아니라 죄를 용서 받았느냐 아니면 받지 못했느냐, 그가 하나님 편에 서 있느냐 아니면 마귀 편에 서 있느냐에 하는 것이다.

반란을 일으킨 군인이 그 반란에 단순 가담했을 뿐이라 해도 그에게 아무런 책임이 없을 수는 없다. 정당한 명령 체계를 따르지 않고 국가의 적(敵)과 함께 행동하려는 의도를 가졌다는 것 자체가 이미 죄이다. 어떤 군인이 전쟁에서 큰 공을 세우지 못했다 해도, 그것은 그가 국가를 위해서든 아니면 그에 반대해서든 어떤 큰일도 할 수 없는 평범한 사람이라는 것을 의미할 뿐이다.

어떤 사람이 큰 죄를 지었다는 것은 그의 정신적 역량이 크다는 것을 의미할 수 있다. 만일 그것이 올바른 방향으로 사용된다면 영적 완전함을 향해 높이 올라갈 수 있을 것이다. 물론, 이와 반대되는 경우도 있다. 어떤 이의 정신적 역량이 보잘 것없다면, 그의 삶은 아주 일상적인 활동 범위와 강도(強度)로 제한된다. 이런 사람은 회심해도 '보통 수준의 그리스도인'에 머물게 될 가능성이 많다.

바울의 고백에 의하면, 그는 회심 전에 큰 죄인이었다(딤전 1:15). 그는 그리스도를 따르는 이들을 아주 심하게 박해함으로 큰 고통을 주었다. 그러나 극적인 사건을 통해 180도 방향을 바꾼 후 탁월한 자질을 주님을 위해 사용했고, 그 결과가 어떤 것인지는 지금 온 세상이 다 알고 있다. 넘치는 정신적 역량이 처음에는 그를 기독교의 위험스런 적으로 만들었지만, 그의 눈이 열린 후에는 그를 기독교의 뛰어난 옹호자로 만들었다.

여기서 우리가 배울 수 있는 것은 연약함과 소심함이 의(義)로 혼동되어서는 안 된다는 것이다. 죄를 약하게 짓는 것이 선(善)을 행하는 것으로 혼동되어서는 안 된다. 어떤 사람이 정신적 역량이 약해서 죄를 탐닉하지 않는다 해서 죄가 없는 것은 아니다. 이도 저도 아닌 회색지대에 머물려는 그의 연약한 노력이 모든 이의 마음속의 은밀한 것들을 다 알고 계신 하나님을 속일 수는 없다.

경쟁이 극심하고 살벌한 이 시대에는 사람의 정신적 역량에 따라 성공과 실패가 결정되기도 한다. 회심해서 그리스도께 돌아온 사람의 경우, 그가 하나님나라에 얼마나 크게 기여할 수 있는가 하는 것도 그의 정신적 역량에 따라 결정될 수 있다. 참된 그리스도인들 중에도 동료 그리스도인들을 위해 크게 기여하지 못하는 사람들이 많다. 그들은 '성령의 거듭나게 하심'이라는 기적을 통해 교회 안으로 들어왔지만, 교회를 위해서도 많은 일을 하지는 못한다.

이런 사람들은 "오직 성령이 너희에게 임하시면 너희가 권능을 받고"(행 1:8)라는 그리스도의 말씀에 귀를 기울일 필요가 있다. 역량이 적은 사람들의 유일한 희망은 그들 안에서 일하시는 성령이시다. 성령은 영혼의 집을 넓히실 수 있다. 오직 그분만이 그렇게 하실 수 있다.

정도正道로
행하라

사람들은 이렇게 생각하는 것 같다. 만일 우리가 부흥에 대해 충분히 말하고 기도한다면, 주식시장이 갑자기 호황을 이루게 되거나 야구팀이 연승 행렬을 시작하게 되는 것처럼 우리에게 부흥이 일어날 것이라고 말이다. 멋진 병거가 하늘에서 내려와 우리를 태워 영적 체험의 '빅 록 캔디 마운틴'(컨트리 음악에서 그리는 환상의 나라 – 역자 주)으로 데려가기를 기다리는 마음이 우리에게 있는 것 같다.

무릇, 모든 사람의 입에 자주 오르내리는 것은 진리일 가능성이 낮은 법이다. 설사 그것의 밑바닥에 진리가 깔려 있다 할지라도 잘못된 강조로 인해 오히려 심하게 왜곡되어 실제적 적용에서는 오류를 낳을 수도 있다. 내가 볼 때, 오늘날 우리의 귀에 들리는 부흥에 관한 많은 말들이 바로 그렇다.

자칭 그리스도인들의 모순

부흥에 관한 말들이 건강하지 못한 것은 아닌지 의심하는 이유는, 우리가 부흥을 일종의 '자비로운 기적'으로 착각하고 있는 것 같기 때문이다. 종교적 활동이 다시 불일 듯 일어나 그리스도인의 수가 엄청나게 증가하고 우리가 훨씬 더 행복해지긴 했지만, 우리의 도덕적 상태에는 전혀 변화가 없는 것! 이것이 우리가 생각하는 부흥이다. 즉 부흥은 언제나 흥미로운 화제라서 입에 올리기에도 좋고, 부흥에 대해 말하면 남들보다 더 경건한 분위기를 풍길 수도 있지만, 문제는 그것이 사실이 아니라는 것이다.

우리의 잘못은 하나님께서 우리가 원하는 조건에 맞는 부흥을 주시길 바라는 것이다. 우리는 '우리의 기독교'를 확장하기 위해 그분의 능력을 손에 넣고 마음대로 사용하기 원한다. 우리는 종교의 하늘에서 우리가 원하는 방향으로 병거를 끌고 다니면서 "하나님께 영광!"이라고 외치지만, 우리는 점잖은 방법으로 그 영광의 일부를 우리의 것으로 떼어놓으려 할 뿐이다. 하나님께서 제단에 불을 보내주시길 간구하지만, 그 제단이 하나님의 제단이 아니라 우리의 제단이라는 사실을 도무지 모르고 있다. 전능하신 분의 팔을 우격다짐으로 움직여 우리의 뜻대로 사용할 수 있을 것이라는 착각에 빠져서, 마치 바알 선지자들처럼 스스로를 극도로 자극해 광란의 상태로 몰아넣는다.

이런 모든 잘못은 부흥에 대한 개념이 혼란에 빠졌기 때문이며, 하나님나라의 기초가 되는 도덕률을 알지 못하기 때문이다. 하나님은 결코 변덕스럽게 일하시지 않는다. 그분의 행하심은 일시적 충동에 좌우되지 않으며, 종잡을 수 없는 것도 아니다. 그분의 법을 어기지 않았는데 심판을 내리시는 일도 없고, 그분의 법에 순종하지 않았는데 복을 주시는 일도 없다. 공의에서 나오는 그분의 행하심, 자비에서 나오는 그분의 행하심은 모두 정확하다.

그러므로 상황을 정확히 이해하고 지혜롭게 살펴보는 사람은 그분이 국가나 교회나 개인에게 어떤 심판이나 은혜를 내리실지 정확하게 예측할 수 있다.

우리가 확신할 수 있는 한 가지는 성경에 나타난 하나님의 뜻을 계속 무시하면서 하나님의 영의 도우심을 얻겠다는 것이 잘못이라는 것이다. 그분은 교회를 위한 완전한 청사진을 우리에게 주셨고, 그것에 100퍼센트 충실할 것을 요구하신다.

그 청사진 안에는 메시지와 도덕적 기준들, 그리고 방법이 제시되어 있으며, 우리에게는 이 세 가지 모두에 충실해야 할 엄중한 의무가 주어졌다.

그런데 오늘날에는 아주 이상한 현상이 일어나고 있다. 그리스도인들이 성경 교리의 순수성을 온 천하에 엄숙히 천명하면서도 정작 자신들은 거듭나지 못한 세상의 방법을 따른다는 것이다. 그 속에서 자기들의 도덕적 기준을 그저 간신히 유지해 나갈 뿐이다.

냉랭함, 세속성, 교만, 자랑, 거짓말, 부정확한 정보 전달, 돈을 사랑함, 과시. 정통 그리스도인이라고 자처하는 사람들이 이런 것들을 행하는데, 그것도 은밀히 행하는 것이 아니라 빤히 보이게 행한다. 심지어는 이런 것들이 그들의 거대한 종교적 쇼(show)에 필수적인 부분이라고 여긴다.

헛된 시간을 멈추라

말하고 기도하는 것만으로는 부흥이 일어나지 않는다. 우리의 기도가 하늘에 상달하려면 '행함'의 영역에서도 주께 돌아가야 한다.

당신은 하나님께서 당신의 길에 복 주시기를 바라는가? 그렇다면 그분의 길을 가로막지 마라. 여호수아가 아이 성을 정복하기 위해 군대를 보냈지만, 그 군대는 피를 흘리며 격퇴 당했다. 성경은 여호수아가 여호와의 궤 앞에서 땅에 엎드려 그분께 말씀드렸을 때 그분이 보이신 반응에 대해 이렇게 기록한다.

> 여호와께서 여호수아에게 이르시되 일어나라 어찌하여 이렇게 엎드렸느냐 이스라엘이 범죄하여 내가 그들에게 명령한 나의 언약을 어겼으며 또한 그들이 온전히 바친 물건을 가져가고 도둑질하며 속이고 그것을 그들의 물건들 가운데에 두었느니라 그러므로 이스라엘 자손들이 그들의 원수 앞에 능히 맞서지 못하고 그 앞에서 돌아섰나니 이는 그들도 온전히 바친 것이 됨이라 그 온전히 바친 물건을 너희 중에서 멸하지 아니하면 내가 다시는 너희와 함께 있지 아니하리라 수 7:10-12

어리석은 자들은 하나님의 요구사항을 깨닫지 못하고 그분의 법을 계속 어기면서 부흥을 위해 기도하는 잘못을 범할 것이고, 그렇게 되면 언제나 헛된 시간을 보내게 될 것이다. 아니면, 지금 당장 순종함으로 순종이 얼마나 복된 것인지 배우기 시작할 수 있다.

하나님의 말씀, 즉 성경이 우리 앞에 있다. 성경을 읽고 거기에 기록된 것을 행하기만 하면 부흥은 일어나게 되어 있다. 땅을 갈고 곡식을 심으면 추수가 찾아오는 것처럼, 부흥은 자연스럽게 찾아올 것이다. 그렇다! 그것은 오로지 우리가 어떻게 행하느냐에 달려 있다.

chapter 3

나의
부흥이
먼저다

부흥은 세 가지 영역에서 일어난다. 개인, 교회, 지역사회가 그것이다. 먼저, 교회에서 부흥이 일어나지 않는다면 지역사회에서도 부흥이 일어날 수 없다. 심령의 영적 변화를 갈망해 이를 체험한 교인이 몇 명이라도 생기지 않는다면, 그 교회가 부흥할 가능성은 전혀 없다. 왜냐하면 그리스도인 하나하나가 모여 이루어진 것이 교회이기 때문이다. 그렇기에 우리는 이렇게 기도하거나 노래하는 것은 흔히 볼 수 있다.

"주여, 부흥이 일어나게 하시되 그 부흥이 내 안에서 시작되게 하소서."

개인의 삶이 아닌 다른 영역에서 영적 소생이 일어나는 것은 불가능하다. 교회를 구성하는 사람들을 떠나서 그 자체로 소생할 수 있는 '추상적 교회'는 존재하지 않는다. 익명의 구성원들로 이루어진 신비한 그리스도의 몸, 즉 성령께서 기도에 응답하여 임하실 '보이지 않는 공동체'가 어딘가에 존재한다는 모호한 개념은 완전히 잘못된 것이다.

교회와 그리스도인들의 모임에서 우리가 매주 만나는 그리스도인들과 상관없이 존재하는 '정체 모를 초월적 교회'가 있다고 믿는 것이 현실 도피에 도움이 될지는 모르겠다. 하지만 우리는 사실을 직시해야 한다. 즉, 그리스도인들은 사람이며, 사람들은 정체의 확인이 가능하다는 것을! 그들에게는 이름, 얼굴, 가정, 친구 그리고 직업이 있다. 그들은 다른 사람들과 마찬가지로 가정을 꾸리고, 학교에 다니며, 트럭을 운전하고, 물건을 사거나 팔고, 여행하고, 먹고, 목욕하고, 잠을 잔다. 하나님의 씨가 그들 안에 있고 그들의 이름이 하늘에 기록되어 있지만, 그렇다고 그들이 '눈에 보이지 않는 존재'인 것은 아니다. 세상은 그리스도인들이 누구인지를 안다.

오순절에 성령을 받은 '영광의 무리, 선택받은 소수'는 유령이 아니다. 그들은 다른 행성에서 떠돌던 어떤 순수한 인간성의 정수(精髓)로 이루어진 것이 아니다. 그들은 '사람'이었다. 그들 중 일부의 이름이 성령에 의해 성경에 기록되어 있다. 그들 모두의 이름을 성경에 기록하는 것이 하나님의 뜻이 아니었기 때문에 우리가 그들을 전부 알 수는 없지만, 그들 중 성경에 이름이 기록된 사람들만 보아도 그들이 정말로 인간이었다는 것을 분명히 알 수 있다.

성령께서 그 역사적인 날에 임하실 때, 성령은 그곳에 있는 사람들, 정체의 확인이 가능한 사람들, 서로가 서로를 알고 지역사회에도 알려진 사람들에게만 임하실 수 있었다. 그날에 성령께서는 '눈에 보이지 않는' 몸 안으로 들어가신 것이 아니라, 그날의 기도회에 참석한 '사람들'의 몸과 영혼 안으로 들어가셨다.

부흥은 개개인이 경험하는 일이다

교회는 교회를 구성하는 개인들의 영적 수준보다 더 좋아질 수도 없고 더 나빠질 수도 없다. 현실에 존재하는 교인들에게서 눈길을 돌려 어딘가에서 부흥을 위해 은밀히 준비되어 있는 신비한 그룹을 찾는 것은 아주 잘못된 것이며, 이런 착각은 큰 대가를 치르게 할 것이다.

부흥의 본질을 분명히 보지 못하기 때문에 생기는 결과 중 하나는, 소망하는 영적 각성을 위해 우리 각자가 무엇을 해야 할지를 깨닫지 못한 채 어떤 초자연적 현상이 나타나기를 몇 년씩 헛되이 기다리는 것이다. 하나님께서 교회를 위해 어떤 일을 이루려 하시든 간에, 그 일은 하나의 개체 즉 구체적인 개인으로부터 시작되어야 한다. 이처럼, 각각의 개인으로부터 시작되기 때문에 '집단적으로는'(en masse) 체험될 수 없는 일들이 있다.

예를 들어, 어떤 특정한 날 어떤 도시에 100명의 아기가 태어났다는 통계가 발표되었다고 하자. 이런 경우에도 각 아기의 출생은 그 아기에게 있어 고유한 체험이다. 즉, 그 모두는 독립된, 개인적인 일이다. 비행기 추락으로 50명이 사망했다면, 그들이 함께 죽은 것은 사실이지만 그들 각자가 죽은 것이다. 그들 각자는 마치 자기 혼자 죽는 것처럼 완전한 고독 중에 죽음이라는 과정을 통과한 것이다. 출생과 사망은 각자가 혼자 체험하는 것으로, 마치 자기 혼자 체험하듯이 철저한 고독 중에 일어난다.

오순절에 3천 명이 회심했지만, 그들 한 사람 한 사람은 홀로 자기의 죄를 깨닫고 구주를 만났다. 육체의 출생과 마찬가지로 영적 출생도 다른 누구와 나눌 수 없는 혼자만의 개별적인 체험이다.

우리가 부흥이라고 부르는 '생명이 다시 불같이 일어나는 현상'의 경우도 마찬가지이다. 부흥은 오직 개인 하나 하나에게서 일어날 뿐이다. 하나님의 생명이 뒤셀도르프에서 모라비아 형제단의 75인에게 동시에 임하였지만, 그것은 75인 하나하나에게 임한 것이었다. 그러니 '성도'라는 무리를 구성하는 개개인과 상관없이 그 무리가 집단적으로 소생하는 일은 일어나지 않는다.

부흥은 나에게서 출발해야 한다

우리가 이것을 올바로 이해한다면 큰 격려와 선한 소망을 얻을 수 있다. 당신이나 내가 부흥을 체험하는 것을 막을 수 있는 것은 아무것도 없다. 부흥은 하나님과 그분 앞에 홀로 선 심령 사이의 문제이기 때문이다. 그 무엇도 영적 소생을 집요하게 추구하는 사람의 앞길을 막을 수 없다. 물론 이 외로운 심령이 신앙적으로 죽은 사람들 중에서 살 수밖에 없는 것이 현실이다. 하지만 그럼에도 불구하고 마치 이 세상에서 가장 신령한 교회에 속한 사람인 것처럼 확실하고 신속하게 큰 영적 변화를 체험하는 것이 가능하다.

어떤 사람이 하나님의 최고의 선물을 갈망하면 성령께서는 즉시 그 사람에게 주목하신다. 이런 사람은 교회의 나머지 사람들이 영적으로 다시 살아날 때까지 기다릴 필요가 없다. 그는 동료 그리스도인들의 실패에 대해 책임을 추궁 당하지 않을 것이며, 그의 잠자는 형제들이 깨어날 때까지 영적 복을 포기하고 살 필요도 없을 것이다. 하나님은 세상에 오직 그 사람만 있는 것처럼 독점적으로 그의 심령을 상대로 일하신다.

나의 이런 말이 너무 개인주의적 관점에서 부흥에 접근하는 것으로 들리는가? 그렇다면, 믿음이라는 것이 '사회적인 것'이 되기 전에 먼저 '개인적인 것'이라는 것을 명심하라. 모든 선지자, 모든 개혁가, 그리고 모든 부흥사들은 다른 무수한 사람을 돕기 전에 먼저 홀로 하나님을 만나야 했다. 수천 명을 그리스도께 인도한 위대한 지도자들은 하나님과 그들 자신의 영혼으로부터 출발했다.

오늘날의 그리스도인들도 그들의 교회에서 영적 생명의 불길을 다시 일으키기 전에 먼저 개인적 부흥을 체험해야 한다.

chapter 4

기도만으로는
부족하다

지금부터 내가 하려는 말은 끝없는 영적 갈증의 화살을 맞은 하나님의 자녀들, 도저히 억누를 수 없을 정도로 하나님을 갈망하는 하나님의 자녀들, 그리고 고통스러울 정도까지 그분께 굶주린 하나님의 자녀들에게 들려주고 싶은 말이다.

예수님은 "의에 주리고 목마른 자는 복이 있나니 그들이 배부를 것임이요"(마 5:6)라고 말씀하셨다. 굶주림은 고통이다. 영적 굶주림은 하나님이 자비 가운데 내려 주신 것으로서, 우리로 하여금 영적 양식을 찾도록 몰아가는 하나님의 자극제이다. 음식에 굶주린 것도 물론 고통스럽지만, 물에 굶주린 갈증은 100배나 더 고통스럽다.

역설적인 격려

살아 있는 유기체 안에서 물의 필요성이 절박해질수록 갈증의 고통은 더 커진다. 갈증의 고통은 위험에 빠진 생명체가 스스로를 소생케 하도록 자극을 주는 자연의 마지막 필사적 노력이다. 죽은 사람은 굶주림을 느끼지 못하고, 죽은 영혼은 거룩한 갈망의 고통을 모른다.

어떤 옛 성도는 "당신이 하나님을 원한다면 이미 그분을 찾은 것이다"라고 말했다. 더욱 충만한 생명을 갈망하는 마음이 우리에게 있다는 것은 이미 우리 안에 어느 정도의 생명이 있다는 것을 말해 준다. 현재의 영적 상태에 불만을 느낀다는 사실에서 역설적(逆說的)인 격려를 받아라. 아직 충족되지 않은 열망이 있다는 사실에서 희망을 보라. "내 과거의 존재가 아니라, 내가 되려고 했던 존재가 나를 위로한다"라는 브라우닝(Browning)의 말은 참된 영적 통찰로 번득인다. 죽은 마음은 열망하지 못한다.

자연의 세계에서 모든 것은 그것이 느끼는 굶주림이 이끄는 쪽으로 나아가는데, 영적 세계도 다르지 않다. 우리는 내면의 열망이 끌어당기는 곳으로 끌려가는데, 물론 그 열망이 우리를 움직일 정도로 강력할 때 그렇다는 얘기다. 무기력하게 꿈만 꾸고 있으면 움직이게 되지 않는다. 신앙적 갈망을 느껴도 그

갈망을 따르는 의지적 행동이 이어지지 않는다면 감정의 소모만 있을 뿐이다.

번개는 우리의 입을 딱 벌어지게 만들 정도로 어마어마한 전기 에너지를 방출한다. 하지만 대부분은 공중에 흩어져버려 아무것도 이루지 못한다. 하지만 손전등의 배터리는 몇 시간 동안 계속 광부에게 밝은 빛을 줄 수 있다. 전자는 어느 방향으로도 향하지 않는 큰 에너지를 극적으로 보여준 것에 불과하지만, 후자는 비록 작은 에너지일지라도 분명한 목적에 유용하게 사용되었다.

오늘날 사람들은 부흥에 대해 아주 많은 말을 하고 기도도 많이 한다. 하지만 나는 이것이 에너지 낭비라고 확신한다. 좀 투박한 비유를 들자면, 이것은 뚜렷한 목표도 없이 막연히 갈망하는 것에 불과하며, 도덕적 행동을 낳을 수 없는 연약한 백일몽일 뿐이다. 이것을 '고차원적 광신(狂信)'이라고 부를 수도 있다. 존 웨슬리가 말했듯이 "목표에 도달하기를 원하면서도 그것에 이르는 검증된 수단을 무시해 버리는 사람이 광신자"이기 때문이다.

기도보다 어려운 순종

부흥을 원하는 사람이 '집단'의 관점이 아니라 '한 개인'의 관점에서, 즉 자기 자신의 관점에서 부흥에 접근해야 한다는 것을 깨달았다면, 그 다음에는 무엇을 해야 하는가? 그의 영혼이 갈망하는 것을 얻는 방법은 무엇일까? 어떻게 그는 자기의 굶주림을 잘 이용하여 결국 영적 충만에 도달할 수 있을까?

이 사람은 기도만으로 부흥의 복이 임할 것이라는 잘못된 생각을 버려야 한다! 물론, 하나님과 우리의 영혼 사이에서 일어나는 모든 일은 기도를 통해 일어나는 것이 원칙이다. 모든 전선(戰線)에서 일어나는 모든 영적 진보, 모든 구원, 모든 정화(淨化), 그리고 모든 능력의 부여가 믿음의 기도를 통해 이루어지는 것이 옳고, 성경적이며, 모든 성도의 증언에 부합한다. 여기서 우리의 잘못은, 이 모든 것을 오직 기도로써만 이루려 한다는 것이다.

이 잘못을 고치기란 정말 힘들다. 이 잘못은 깨닫는 것만으로는 고쳐지지 않기 때문이다. 이것을 고치려면 아담에게서 물려받은 인간의 본성을 이겨야 하며, 자기를 부정하고 겸손히 십자가를 져야 한다. 요컨대, 하나님께 순종해야 한다. 그런데 결코 순종하지 않으려고 발버둥치는 것이 우리의 본성이다.

그분께 순종하지 않으려고 별의별 짓을 다 하는 우리의 모습은 정말 믿기 힘들 정도이다. 우리는 예수님을 '주님'이라고 부르며 그분께 우리의 영혼을 소생케 해달라고 간구하지만,

그분이 명하시는 것을 행하지 않으려고 엄청난 노력을 기울인다. 자신의 죄를 깨달았을 때, 죄를 고백해야 할 때, 또는 삶에서 도덕적 변화를 일으켜야 할 때, 우리는 그분께 순종하는 것보다 밤에 잠자는 시간을 절반으로 줄여 기도하는 것이 훨씬 더 쉽다고 생각한다.

기도를 얼마나 강하게 하느냐 하는 것은 기도의 효력을 판단하는 잣대가 될 수 없다. 주님 앞에 엎드려 자기의 어려움을 눈물로 호소하는 사람에게 그리스도의 계명에 순종할 의사가 없을 수도 있다. 그의 강렬한 감정과 눈물은 그의 당혹감과 좌절감을 드러낼 뿐이며, 하나님의 뜻을 알지만 그분께 완고히 저항한다는 표시에 불과하다.

야곱은 밤새도록 천사와 씨름했다. 씨름에서 패배했을 때 비로소 공격적인 자세를 취했고, 하나님을 그냥 보내드리지 않으려고 했다. 그는 왜 그토록 오랜 시간 저항했을까? 그 이유는 천사에게 그의 이름을 고백하는 것을 부끄러워했기 때문이다. 그가 무너지고 자기가 '속이는 자'(창 27:36)임을 인정했을 때, 그는 승리를 얻었다. 패배를 통해 승리한 것이다!

여기에 답이 있다

내가 이 글에서 무엇이라고 말하든 간에, 하나님의 백성이

지칠 때까지 중보하면 그분이 마음을 누그러뜨리시고 부흥을 허락하실 것이라는 헛된 희망에 사로잡힌 수천 명의 목회자들은 부흥을 위해 열심히 기도하라고 계속 교인들을 독려할 것이다. 이런 헛된 희망을 품은 사람들에게는 하나님이 혹독한 작업반장처럼 보일 것이다. 젊은이가 늙고 노인들이 세상을 떠나기까지 시간이 흘러도 아무런 도움을 주시지 않기 때문이다. 기도실은 '통곡의 벽'으로 변하고 밤새도록 불이 꺼지지 않지만 부흥의 단비는 내리지 않는다.

'하나님이 은혜 베풀기를 잊으셨는가?'

이 글을 읽는 독자 중 누구라도, 순종하기만 하면 이 질문에 대한 답을 알게 될 것이다.

"나의 계명을 지키는 자라야 나를 사랑하는 자니 나를 사랑하는 자는 내 아버지께 사랑을 받을 것이요 나도 그를 사랑하여 그에게 나를 나타내리라"(요 14:21).

결국, 이것이 우리가 원하는 것 아닌가?

chapter 5

부흥으로
나아가는
길

앞에서도 말했지만, 철저한 영적 부흥을 체험하기 원하는 그리스도인이라면 누구나 동료 그리스도인들의 태도와 전혀 상관없이, 언제라도 영적 부흥을 체험할 수 있다.

그렇다면, 이제 중요한 것은 그것을 어떻게 체험할 수 있느냐 하는 것이다. 나는 누구나 따라할 수 있는 몇 가지 방법을 제안하고 싶다. 확신하건대, 이 방법들은 당신을 놀랍도록 달라진 그리스도인의 삶으로 이끌어줄 것이다.

1. 당신 자신에게 절대 만족하지 마라. 자만(自滿)은 영적 진보의 치명적인 적이다. 자만에 빠지면 침체에 빠지게 된다.

사도 바울은 육신적 필요에 대해서는 "어떠한 형편에든지 나는 자족하기를 배웠노니"(빌 4:11)라고 말했지만, 영적 삶에 대해서는 "푯대를 향하여 … 달려가노라"(빌 3:14) 또는 "네 속에 있는 하나님의 은사를 다시 불일 듯 하게 하기 위하여"(딤후 1:6)라고 말했다.

2. 당신의 삶을 전면적으로 변화시키겠다고 단단히 결심하라. 소심하게 발을 담갔다 뺐다 하는 사람들에게는 시작도 하기 전에 '실패자'라는 딱지가 붙고 말 것이다. 하나님을 향한 갈망에 우리의 영혼을 전부 쏟아부어야 한다.

"세례 요한의 때부터 지금까지 천국은 침노를 당하나니 침노하는 자는 빼앗느니라"(마 11:12).

3. 부흥의 은혜를 받기 위해 노력하라. 은혜가 마치 '자비로운 마술'처럼 임하기를 기다리는 것은 잘못이다. 부흥의 조건들을 깨달아 충족시키지 않아도 하나님의 도움이 굴러들어오는 횡재를 기대하지 마라. 푸른 초장으로 곧장 이끌어주는 길이 눈에 분명히 보이지 않는가? 그러므로 그 길을 따라가자. 부흥을 원하면서도 기도와 헌신에 힘을 쏟지 않는 것은 이쪽 방향으로 가기 원하면서 실제로는 저쪽 방향으로 걸어가는 것과 마찬가지다.

4. 철저히 회개하라. 회개를 빨리 끝내버리려고 서두르지

마라. 서두른 회개는 얄팍한 영적 체험을 낳을 뿐 아니라, 삶 전체의 불확실성을 증가시킬 뿐이다. 경건한 슬픔이 치유의 효력을 발휘하게 하라. 죄의식이 우리의 마음을 아프게 하기 전에는 악에 대한 두려움이 생기지 않는 법이다. 반쯤 죽은 상태에 머물러 있는 것은 죄를 용납하는 우리의 진절머리 나는 습관 때문이다.

5. 가능할 때마다 원상을 회복하라. 빚을 졌다면 그것을 갚아라. 아니면 적어도, 빚을 갚겠다는 뜻을 채권자에게 분명히 밝혀서 그가 당신의 정직함을 의심하지 않도록 하라. 누군가와 싸웠다면 화해를 위해 모든 노력을 다하라. 무엇인가 잘못된 일이 있다면 최대한 바로잡아라.

6. 예수님의 산상설교, 그리고 의의 길을 가르치는 신약의 다른 교훈들을 따르라. 성경을 펴놓고 메모지와 연필을 준비한 사람이 자신을 정직하게 살핀다면, 자신의 잘못이 무엇인지를 아주 빨리 깨달을 수 있다. 무릎을 꿇고 자신을 살피고, 일어나서는 말씀에 나타난 하나님의 계명에 순종하라. 자신을 다루는 이런 분명하고 솔직한 방법에는 낭만적이거나 화려한 것은 없지만 문제만큼은 확실하게 해결할 것이다. 골짜기에서 땅을 파는 야곱의 일꾼들이 영웅의 모습은 아니었지만, 결국 그들은 우물을 만들었고 목적을 성취했다.

7. 진지한 마음으로 임하라. 텔레비전 코미디 프로를 보는 시간을 줄인다고 당신에게 문제가 생기지는 않는다. 하지만 저 '재미있는 사람들'에게서 헤어 나오지 못하면, 마음에서 모든 영적 감동이 사라질 것이다. 그것도 바로 당신의 거실에서 말이다! 세상 사람들은 하나님과 신앙에 대한 진지한 생각을 회피하기 위해 영화관에 간다. 당신이 그들을 따라 영화관에 가지는 않았지만, 당신의 집에서 그들과 정신적으로 교감하고 있다. 마귀가 주는 이상(理想)과 도덕적 기준과 정신적 태도를 당신도 모르는 사이에 받아들이고 있는 것이다. 그러면서 그리스도인으로서의 당신 삶에 왜 진전이 없는지 의아해 한다. 당신 내면의 기후는 영적 미덕들의 성장에 도움이 못 된다. 당신의 습관에 근본적인 변화가 일어나지 않으면 당신의 내면적 삶에서 지속적인 성장을 기대하기는 어렵다.

8. 당신의 관심사를 의도적으로 줄여라. 모든 것을 다 잘하려 들면 사실은 아무것도 못하는 법이다. 그리스도인으로 살아가려면 전문가가 되어야 한다. 이것저것 하는 일이 많으면 하나님께 가까이 나아가지 못하고 오히려 시간과 에너지를 낭비할 뿐이다. 관심사의 수를 줄이면 하나님께서 당신의 마음을 넓히실 것이다. '오직 예수'라는 좌우명이 회심하지 못한 사람들에게는 죽음의 좌우명으로 들리겠지만, 그보다 훨씬 많

은 복된 사람들은 "'오직 예수'라는 좌우명은 우리가 과거에 알았던 그 무엇보다 무한히 더 넓고 무한히 더 풍성한 세계로 들어가게 해준 문이었습니다"라고 증언한다. 그리스도는 모든 지혜와 아름다움과 미덕의 정수(精髓)이시다. 그분을 더욱 깊이 알아갈수록 선하고 아름다운 것들을 더 많이 알게 된다. 우리가 마음의 집 문을 하나님께 열어드리고 세상과 죄에게는 닫아버릴 때 그 집은 더욱 커질 것이다. 그러니 반드시 이 일을 시도해 보라.

9. 증언을 시작하라. 하나님과 사람들을 위해 할 수 있는 일을 찾아라. 녹슬어 못 쓰게 되는 사람이 되지 마라. 당신이 교회 목사님을 도와 드릴 의향이 있다는 것을 그분께 알려 드리고, 어떤 요청이 오든 도움을 드려라. 꼭 지도자의 자리에 있어야겠다고 고집하지 마라. 순종을 배워라. 하나님께서 당신을 더 높여주실 때까지 낮은 자리에서 충성하라. 결심만 하지 말고 물질로 섬기고, 아무리 작은 재능이라도 그것을 바쳐 봉사하라.

10. 하나님을 믿어라. 기대감을 가져라. 당신의 대언자(代言者)께서 하나님의 우편에 앉아 계신 저 하늘의 보좌를 바라보라. 온 하늘이 당신의 편이다. 하나님은 당신을 실망시키지 않으실 것이다.

이런 내 제안들을 따른다면 틀림없이 당신의 마음에 부흥이 일어날 것이다. 그 부흥이 어디까지 퍼져갈지 누가 알겠는가? 하나님께서는 영적 부활이 교회에게 얼마나 필요한지 알고 계신다. 교회의 영적 부활은 바로 개개인의 소생을 통해서만 가능하다.

The Size of the Soul

2

부흥,
인간 본성을
거스르다

주의 법도들로 말미암아 내가 명철하게 되었으므로

모든 거짓 행위를 미워하나이다

시편 119편 104절

chapter 6

오류를
품은 존재,
인간

우리 모두는 이단의 기질을 타고 났다. 그래서 오리가 본능적으로 물로 달려가듯이 본능적으로 오류로 달려간다. 이는 "자연신학이 완전히 잘못되었다"라는 뜻으로 하는 말은 아니다. '하늘'은 하나님의 영광을 선포하고 '눈에 보이는 우주'는 그분의 영원한 능력과 신성을 보여준다. 하지만 우리는 하늘과 눈에 보이는 우주뿐 아니라, 세상에 오는 모든 이에게 비추는 빛이 인간의 마음 안에 있다는 사실까지도 고려해야 한다. 이 세 가지는 인류 전체가 다소간 분명히 알고 있는 어떤 진리 체계의 원천이 된다.

그러나 이런 진리 체계는 전체 그림을 위한 액자 정도에 지나지 않는다. 그보다 세부적인 것들은 전혀 알려져 있지 않으며, 또 발견할 수도 없다. 따라서 우리는 성경에 계시된 하나님의 계시에 의존할 때에야 비로소 구체적인 것들을 채워 넣어 의미 있는 그림을 완성할 수 있다. 이 작품은 성령의 붓이 일하실 때 완성되어 모든 산과 바위와 나무와 풀잎이 서로 간에 적절한 균형을 이룬 가운데 그 모습을 드러내게 된다.

우리의 종교적 문제들 위로 성령의 감동으로 기록된 하나님 말씀의 충만한 빛이 폭포수처럼 쏟아지기 전까지는 거의 모든 것들이 모호하고 불분명한 상태에 있다. 아무리 날카롭게 꿰뚫어보는 사람이라도 존재하는 것을 보지 못하고 존재하지 않는 것을 볼 때가 있다. 세부적인 것들까지는 알 수 없는 이런 답답함 때문에 종교적 성향이 강한 사람들은 좌절감을 맛보며, 결국은 자신의 추측에 의지해 많은 신학이론을 만들어낸다. 궁금한 것을 참지 못하는 이들은 성경은 소홀히 하거나 거부하면서 어떻게든 나름대로의 인식에 도달하여 만족을 얻는다.

기준은 하나뿐이다

"성경을 사랑하는 사람들은 너무 독단적이다"라는 비난이 있는 것이 사실이고, 때로는 실제로 그런 것 같다. 어떤 분야에서든 지나치게 자신만만한 태도를 취하는 사람을 정당화할 마음은 없다. 하지만 신자의 확고한 믿음은 정당화될 수 있다. 이것이 하나님의 마음을 온전히 참되게 계시해 주는 성경에 대한 믿음에서 나오기 때문이다. 그의 독단은 선지자들과 사도들이 외친 "주 여호와께서 이렇게 말씀하셨느니라"(겔 20:3)라는 선포에서 나온 것이다. 사실 내 경험에 의하면, 가장 완고한 독단은 자신들의 확신을 뒷받침하기 위해 성경을 인용하는 사람들에게서 발견되지 않는다. 가장 완고한 독단은 성경도 인용하지 않으면서 자신들의 견해를 최고의 영적 권위로 삼는 사람들에게서 나타난다.

철학이나 과학처럼 자신의 운명과 밀접한 관계가 없는 문제들에 대해서는 분명한 견해를 밝히길 정중히 사양하면서도 자신의 현세와 내세의 복락에 본질적으로 중요한 종교 문제에 대해서는 종종 열변을 토하며 단호히 얘기하는 사람들이 있다. 꽤 이상한 일이다.

이런 현상이 벌어지는 것은 "모든 이는 천국에 이르는 참된 길을 스스로 발견할 수 있다. 어차피 모든 사람의 신념이 똑같이 존중받아야 하는 것 아닌가?"라는 통념 때문이다. '모든 이들의 신념은 똑같이 존중받아야 한다'라는 말 속에는, 다른 사람의 신념을 문제 삼을 수 있는 권리나 종교 문제에서 어떤 식

으로든 남에게 영향을 주려고 시도할 수 있는 권리가 아무에게
도 없다는 뜻이 내포되어 있다. 여기서 자연스럽게 나오는 또
하나의 철학은 "아무리 저급하고 근거 없는 것이라 해도 모든
종교적 신념의 표현은 완전히 용납되어야 한다. 그것은 신을
경배하는 한 가지 방법으로 인정되어야 한다. 비록 우리의 방
법과 다를지라도 말이다"라는 생각이다.

　이 모든 것에서는 박애(博愛)의 냄새가 풍긴다. 이런 것은 모
든 이들의 비위를 맞추어야 하는 정치인들, 또는 이런 주장을
하는 것이 현실적으로 이득이 된다고 판단하는 자유주의 목사
들이 자주 입에 올리는 것이다. 그러나 불타는 떨기나무 앞에
무릎을 꿇거나 산에서 천둥소리를 들은 사람은 자신의 영혼
을 그런 식으로 팔아먹는 것을 결코 용납할 수 없다. 바닷가
를 걸으며 "나로 말미암지 않고는 아버지께로 올 자가 없느니
라"(요 14:6)라는 예수님의 말씀을 들은 사람은 종교를 가지고
그런 식으로 장난치는 것에 동의할 수 없다.

　이런 사람은 하나님의 사랑과 십자가의 기적에 매료되었기
때문에 자신과 그의 동료인 인간들의 영혼에 영향을 줄 수밖에
없는 문제들에서 결코 양보하지 않는다. 물론 그는, 초원(草
原)에서 온 메디신 맨(medicine man: 북미 인디언의 치료 주술사
– 역자주)으로부터 추기경에 이르기까지 지극히 다양한 성격의

종교인들 곁에 살면서 그들을 참아주고 섬기며 사랑하고 그들을 위해 기도할 것이다. 하지만 누군가와 사이좋게 지내기 위해 진리를 훼손하지는 않을 것이다. 사람들을 위해 죽을 수도 있지만, 그들에게 불성실하지는 않을 것이다.

무조건적 용납은 사랑이 아니다

우리는 "모든 사람이 이단에 빠질 수 있는 본성을 가지고 태어났으며, 성령의 감동으로 기록된 성경의 계시를 통해 위로부터 빛을 받지 못하면 속량의 진리를 알 수 없다"라고 늘 말해야 한다. 그로 인해 아무리 인기 없는 사람이 된다 할지라도 그렇게 해야 한다. '아름다운 박애'라는 미명 하에 이웃의 위험스런 오류를 웃어넘기며 그것을 지적하지도 않고 교정해 주지도 않는다면 그것은 사랑을 베푸는 것이 아니다.

빛의 아들들은 어둠의 자녀들에 대해 지극히 큰 의무를 갖고 있다. 등대지기가 폭풍우와 타협하지 않듯이 빛은 어둠과 친해질 수 없다.

머리를 쥐어짜며 우리의 신조를 만들어냄으로 종교적 문제들을 해결하고 싶은 유혹은 길모퉁이 선술집에서만 아니라 목회자의 서재에서도 강하게 나타난다. 그러나 우리는 성경을 거울삼아 자신의 사상을 판단할 때에야 비로소 하나님의 일들을 올바로 이해할 수 있게 된다. 지능이나 체험이나 총명함으로는 충분하지 못하다. 하나님의 말씀, 즉 성경이 최종적 최고 법원이다. 시편 기자의 말을 기억하라.

"주의 법도들로 말미암아 내가 명철하게 되었으므로 모든 거짓 행위를 미워하나이다"(시 119:104).

chapter 7

가톨릭의
심각한
오류

어떤 가톨릭 사제와 나눈 우호적인 대화에서, 나는 로마 가톨릭을 옹호할 수밖에 없는 이 사제의 입술을 통해 미사의 철학을 알게 되었다. 그는 아벨의 피의 제사에 대한 이야기에서 시작하여 구약의 속죄제사에 대해 언급한 후, 결국 그리스도의 십자가에 대한 이야기로 끝을 맺었다. 그리고 "언제나 제사가 있어야 합니다. 미사에서 떡과 포도주가 제단 위에 드려질 때마다 제사는 반복됩니다. 미사가 거행될 때마다 그리스도의 제사가 반복되는 것입니다"라고 말했다.

하지만 그의 말대로 만일 미사가 '자꾸 반복되는 제사'라는 개념 위에 서 있다면 모래같이 약한 기초 위에 서 있는 셈이다.

신약이 "그리스도의 제사는 단번에 영원히 이루어진 것으로서 결코 반복될 수 없다"라고 분명히 가르치고 있기 때문이다. 사람들이 만들어낸 전통과 교리가 무엇이든 간에 주님은 이렇게 말씀하셨다.

이 뜻을 따라 예수 그리스도의 몸을 단번에 드리심으로 말미암아 우리가 거룩함을 얻었노라 제사장마다 매일 서서 섬기며 자주 같은 제사를 드리되 이 제사는 언제나 죄를 없게 하지 못하거니와 오직 그리스도는 죄를 위하여 한 영원한 제사를 드리시고 하나님 우편에 앉으사

히 10:10-12

이 성경구절만으로는 확신에 이르기 힘들다고 느끼는 사람이 있다면, 그는 성령의 감동으로 성경을 쓴 사람이 다음과 같이 덧붙였다는 것을 기억하라.

그가 거룩하게 된 자들을 한 번의 제사로 영원히 온전하게 하셨느니라

히 10:14

이것들을 사하셨은즉 다시 죄를 위하여 제사 드릴 것이 없느니라

히 10:18

신약성경은 제사가 영구적으로 반복되어야 한다고 가르치지 않고 한 번의 제사가 영원한 효력을 갖는다고 가르친다. 그리스도의 제사가 반복되어야 한다는 개념은 성경 신학을 아는 사람들에게 큰 불쾌감을 주며, 하나님의 어린양의 눈물과 땀과 피와 죽음을 모욕하는 것이다.

이 점에서 가톨릭 사람들은 분명 심각한 오류에 빠져 있다. 우리가 그들을 위해 할 수 있는 것은 관용의 이름으로 이 오류를 웃어넘기는 것이 아니라, 이것을 지적하고 교정하기 위해 노력하는 것이다.

chapter 8

낙관주의자
or
비관주의자

제1차 세계대전 직후에 지식인 사회에서는 비관주의의 물결이 일었다. 왜 그렇게 되었는지에 대해 내가 여기서 깊이 논하지는 않겠지만, 그 이유가 무엇이든 간에 20-30년대의 지적 분위기는 깊은 절망감에 빠져 있었다. 그 우울한 시대의 '네 명의 말 탄 자'라고 할 수 있는 물질주의, 비관주의, 냉소주의 그리고 회의주의는 나아가서 이기고 또 이기려고 했다(계 6:2).

과학자는 물질주의적이었고, 철학자는 회의주의적이었으며, 소설가와 전기작가는 냉소적이었고, 거의 모든 이들이 비관적이었다. 심지어 예언의 해석자들도 불안해했다. 영국의 예루살렘 정복과 무솔리니 치하의 로마제국의 부상이 환란 날의 가까움, 적그리스도의 도래 그리고 문명의 몰락으로 해석되었기 때문이다. 약간의 낙관주의를 그럭저럭 붙들고 있었던 종교인들을 찾자면, 적어도 개신교 진영에서는 자유주의자들이 거의 유일했다고 말할 수 있다('자유주의자'가 당시에는 '현대주의자'라고 불렸다).

하지만 그들의 낙관주의는 근거 없는 것이었다. 그들은 자기들도 더 이상 믿지 않는 성경의 시적(詩的) 구절들을 엮어 부숴지기 쉬운 데이지 꽃목걸이를 만들었지만, 이 꽃목걸이는 이미 오래 전에 시들어버렸다. 또 뜨개질로 예쁜 종교적 장식용 깔개를 만들었지만, 지금은 이것을 전혀 자랑스러워하지 않고 오히려 잊어버리고 싶어 한다. 하지만 쉽게 잊을 수도 없다. 그들의 작품이 지금도 중고서점의 17센트짜리 할인상품 진열대에 놓여 있기 때문이다.

가벼워진 십자가

제2차 세계대전이 끝나자 종교를 둘러싼 분위기는 근본적으로 바뀌었는데, 특히 대중에게서 그런 현상이 심했다. 그야말로 완전히 역전된 것이다. 종교가 그 진가를 발휘할 기회가 찾아왔다. 신앙이라는 것이 다시 '지적으로 존경받는 것'이 되었고, 하나님을 믿는다는 신앙고백이 더 이상 부끄러운 것으로 간주되지 않았다.

잠깐 동안이나마 복음주의와 세상은 서로의 어깨에 손을 얹고 함께 울고 입 맞추고 악수하며 친구가 되었다. 교회는 세상의 사상들에서 아주 많은 부분을 이용할 수 있다는 걸 깨달았고, 세상은 종교가 소기의 목적들을 성취하는 데 도움을 주는 기술이라는 것을 알게 되었다. 사자와 어린양 그리고 황소와 나귀가 함께 뛰어놀았는데, 이런 현상은 마르틴 루터가 비텐베르크 성당문에 그의 반박문을 붙여 종교개혁의 신호탄을 쏘아올린 후 처음 있는 일이었다.

지난 몇 년 동안 세상은 마치 물이 오리를 끌어당기듯이 교회를 자기에게 끌어당기려고 노력해 왔다. 교회는 세상에게 마음을 열고 손을 내밀었고, 이것은 진정한 사랑처럼 보였다. 서로의 우호적 관계는 아직도 계속되고 있으며, 이제 교회는 세상이 애지중지하는 신부(新婦)가 되어 있다.

교회가 군침을 질질 흘리는 육감적인 세상에게 가져다준 지참금은 정말 대단하다! 거듭나지 않고 회개하지 않는 대중이 기독교서적을 수백만 권씩 구입하고, 이윤을 추구하는 출판사들은 좋아한다. 유명 영화배우가 찬송가를 만든다. 그리스도의 거룩한 이름이 내기 당구장의 한쪽 구석에 있는 야한 색깔의 주크박스에서 흘러나온다. 밤새도록 계속 되는 스톰프(리들이 활기 넘치고 비트가 강한 재즈 음악) 댄스파티에서 젊은이들이 주님의 영광을 노래하는 음악에 맞춰 발작적으로 몸을 흔들어댄다.

이제는 음침한 얼굴의 비관주의가 퇴조하고, 그것의 즐겁고 책임감 강한 자매인 낙관주의가 그 자리를 대신 차지했다. 이제 기독교는 재미있는 것으로 간주되고, 유일한 십자가는 2천 년 전에 예수께서 못 박혀 돌아가셨던 그 십자가뿐이다. 이제 그리스도의 멍에는 쉬울 뿐만 아니라 짜릿할 정도로 재미있다. 그리스도의 짐은 가벼울 뿐만 아니라 날아갈 것처럼 경쾌하기까지 하다.

이제 교회는 아무것도 부정하지 않고 모든 것을 긍정하며, 이런 철학이 안전하고 인기 있는 것이라고 확신한다. 세상에서 최근에 일어나고 있는 모험적이고 첨단적인 시도가 생기면, 그것에 부응하여 교회의 대담한 결의문을 발표하고 세상을 흔들어놓을 만한 선언서를 낭독한다. 세상의 시도가 무엇이든지 간에 말이다.

그리스도인이 가져야 할 유일한 질문

그리스도인이 언제나 낙관적이고 마음에 맞는 사람이 되어야 한다는 개념은 순전히 이단이다. 근거 없는 낙관주의는 특정 상황들에서 우리에게 극도로 큰 피해를 줄 수 있다. 미리 정해 놓은 철학에 따라 그리스도인이 낙관적이거나 비관적이거나 즐겁거나 슬프거나 긍정적이거나 부정적인 사람이 되어야 한다는 생각은 잘못된 것이다.

그리스도인은 어떤 상황에서든 하나님의 뜻을 드러내야 한다(성령께 배운 사람은 그렇게 할 것이다). 그는 하나님의 뜻에 관심을 갖는다. 일련의 상황들이 벌어질 때마다 "하나님께서 이것에 대해 어떻게 생각하실까?"라는 질문을 던질 뿐이다. 다른 것은 그에게 중요하지 않다.

현재 유행하고 있는 철학이 무엇인가 하는 것은 전혀 문제가 되지 않는다. 성경에 기록된 말씀과 내주하시는 성령께서 가르쳐주시는 대로 온전히 긍정하거나 아니면 부정한다. 종교계의 유행, 일시적인 분위기 또는 대중적인 사고방식이 그에게 영향을 주지 못한다. 그의 마음은 조금도 흔들림 없이 주님만 믿고 의지한다.

비관주의자가 된 낙관주의자

매우 단호한 이런 태도 때문에 그는 지금과 같은 이런 세상에서는 당연히 환영을 받지 못하고 오히려 비관주의자로 낙인 찍힌다. 사람들은 자기들과 똑같이 생각하는 사람을 좋아한다. 하지만 그러다가도 그 다음날에는 자기들의 생각을 바꾸고 그에게도 생각을 바꾸라고 요구하기도 한다.

이렇게 하룻밤 새에 바뀐 것에 대해서는 "내 인간적인 연약함은 애교로 봐줄 수 있는 것 아닌가요?"라는 농담으로 웃어넘기려고 한다. 그렇게 연약한 사람이 그 전날에는 어찌 그토록 강하게 자기 생각에 집착했는지.

그러나 영원의 자손들은 대중이 좋아하는 이 메이폴 댄스(maypole dance)를 거의 좋아하지 않는다. 대신, 겨울이 다가올 때 호숫가의 물새가 이주 본능을 느끼듯이 이주 본능을 강하게 느낀다. 머지않아 먼 곳으로 떠나게 될 것임을 알며, 가까운 시일 내에 다시 돌아오지 않을 것이라고 믿는다.

그렇기에 비관주의자로서의 명성이나 또는 낙관주의자로서의 명성을 남기느냐 마느냐 하는 것이 그들에게는 거의 의미가 없다. 다만 하나님의 자녀와 어린양의 추종자로서 기억되기만을 간절히 바랄 뿐이다. 다른 것은 상관없다.

chapter 9

마른 땅에서
나온
뿌리

우리를 구원하신 주님에 대한 가장 아름다운 묘사는 이사야의 예언이 기록된 이사야서 53장에서 발견할 수 있다.

> 그는 주 앞에서 자라나기를 연한 순 같고 마른 땅에서 나온 뿌리 같아서 고운 모양도 없고 풍채도 없은즉 우리가 보기에 흠모할 만한 아름다운 것이 없도다 사 53:2

연한 순에 소망을 걸다

땅을 가까이에서 접해본 사람은 방금 땅을 뚫고 나온 어린 새싹을 쉽게 알아볼 것이고, 그것을 가리키기 위해 사용된 '연한'이라는 표현이 더할 나위 없이 완벽하다고 느낄 것이다.

여린 새싹은 잎 전체가 거의 수분인 것처럼 보인다. 그래서 그 형체가 유지되고 있는 것이 신기할 정도이고, 조금만 건드려도 부서질 정도로 약하다. 외부의 충격에 피해를 입지 않을 정도로 강해지려면 적어도 며칠은 지나야 한다.

새로 태어난 아기가 땅을 막 뚫고 나온 '연한 순'처럼 약하지는 않겠지만, 둘의 유사성은 우리가 놓칠 수 없을 정도로 매우 자명하다. 그렇기에 비유법을 통해 이 둘을 연결시킨 선지자의 표현력은 지극히 탁월하다고 할 수 있다.

아무 힘없이 울어대는 어린 아기는 외부로부터의 무수한 공격이나 영향에 속수무책으로 노출되어 있기 때문에 생명을 유지하려면 부모와 이웃과 친구들에게 전적으로 의존해야 한다. 태어난 지 하루 밖에 되지 않은 아기를 안아본 사람은 그 아기가 불쌍한 정도로 연약하다는 것을 느낄 수 있다. 아주 긴 비존재(非存在)의 공백기를 끝내고 이 땅에 방금 도착한, 아름답지만 부서지기 쉬운 생명의 한 작은 물방울이 겨우 의식(意識)을 유지하고 있다고 말해야 할 것이다.

우리 주님은 저 첫 크리스마스 아침에, 이렇게 베들레헴의 구유로 오셨다. 하지만 그분은 비존재의 공백기를 끝내고 오신 것이 아니라 영원 전부터 계시다가 오신 것이고, 단지 '사람의 아들'(a son of man)로서가 아니라 완전한 의미의 '인자'(人子, Son of Man)이자 '신자'(神子, Son of God)로 오신 것이다. 또한 그분은 연한 순 같고 마른 땅에서 나온 뿌리 같은 존재로 오셨다. 온 세상의 소망의 고리를 새로 태어난 아기처럼 연약한 존재에게 거는 것, 이것은 하나님께서 행하시는 특유의 방법에 딱 들어맞는다.

이 새로운 생명은 손 한 번 잘못 놀리면 끝날 수도 있었다. '사탄 마귀'라고 불리는, 믿을 수 없을 정도로 잔인한 옛 용의 충동질에 따라 움직이는 어둡고 파괴적인 세력이 베들레헴의 구유를 휘감고 있었다. '연한 인간 아기'가 세상을 구속하고자 자신을 제단에 바치기 전에 그 아기를 죽이려는 사악한 음모에 모두가 가담하고 있었다.

아기를 제거하는 가장 쉬운 방법은 아기가 '아빠!' 또는 '엄마!'라고 말하는 법을 배우기도 전에 아기를 죽이는 것이었다. 아기를 지키는 경호원은 없었고, 그를 보호해야 할 병사들은 오히려 그를 죽이도록 파송되었다. 조용한 성격의 순진한 요셉은 냉혹하고 잔인한 용으로부터 아기를 구할 수 없었고, 착하고 젊은 마리아는 철의 제국의 파괴적인 힘을 피할 수 있는 피난처를 아기에게 제공할 수 없었다.

그러나 아기는 완전히 안전한 가운데 누워 있었다. 지극히 연약한 상태에 있었지만 백만 대군의 호위를 받는 것보다 더 안전했다. 아기 자신이 블레셋 사람 천 명을 일격에 죽일 수 있는 삼손처럼 강했다 해도 그처럼 안전하지는 못했을 것이다.

놀라운 기적, 첫 크리스마스

이사야 선지자는 성령의 기름부음을 통해 인간의 본성을 갖고 태어나실 주님을 미리 내다보고 그분을 '연한 순'이라고 불렀다. 그는 그분의 인간적 기원도 보았다. 이것이 그의 눈에는 훨씬 더 놀라운 것으로 보였기 때문에(적어도 우리의 눈에는 그렇게 보인다) "그는 … 마른 땅에서 나온 뿌리 같아서"라고 예언했다.

우리가 잘 알고 있듯이, 땅에 떨어진 씨앗이 싹을 틔우고 봉우리를 맺고 뿌리를 내리려면 수분이 반드시 필요하다. 물이 없는 곳에서는 생명의 활동이 중지 상태로 들어가고 만다. 사막에서 자라는 식물이라도 최소한의 수분을 필요로 한다. 완전히 말라버린 흙을 뚫고 올라오는 식물의 싹은 없다. 마른 땅에서는 뿌리가 나오지 못한다.

그러나 이사야는 수분이 없는 마른 땅에서 연한 순이 나오는 것을 보았다. 환상 속에서 그것을 보았고, 거기에서 기적적인 능력이 작동하고 있음을 알았다. 자연이 이런 기적을 만들어낼 수는 없었다. 여호와의 팔이 이것을 이루었고, 온 세상은 놀라움 가운데 잠잠히 있어야 했다. 마른 땅이 아무것도 생산하지 못하는 것이 당연하듯이, 믿음을 버린 이스라엘이 열매 맺지 못하는 것은 당연했고, 처녀가 자식을 낳지 못하는 것이 당연했다. 마른 땅에서는 뿌리가 나올 수 없었다.

이사야 선지자는 53장 2절의 예언을 하기 전에 이미 주님이 '기묘자'(사 9:6)라고 불리실 것임을 예언했다. 그분의 첫 번째 기묘함은 그분이 초자연적 능력에 의해 태어나셨다는 것이다! 물론 나는 이사야의 기이할 정도로 아름다운 예언을 무리하게 왜곡해서 해석하고 싶지는 않다. 하지만 성경을 유기적인 하나의 영적 통일체로 보는 믿음이 있는 사람이라면, 그토록 오랜 세월 동안 모든 그리스도인이 신성하게 여겨온 진리를 그의 예언에서 어렵지 않게 발견할 수 있다. 그 진리는 바로 그리스도의 동정녀 탄생이다!

아기 예수가 탄생할 무렵의 이스라엘이 아기를 낳기에 적절한 젊은 여자와 같은 국력을 가지고 있었다면, 기묘자 아기 예수가 이스라엘에서 나온 것이 그럭저럭 설명된다고 말할 수 있을 것이다. 그러나 그분은 이스라엘의 세력이 기울고 힘이 약해졌을 때 그 땅에서 나셨다. 당시 이스라엘이 어떤 상태에 있었는지를 잘 아는 사람이라면, 아무리 상상의 날개를 넓게 펼

칠지라도 그런 나라에서 아기 예수가 태어나실 것은 꿈도 꾸지 못했을 것이다. 다만, 사라와 이삭의 이야기를 여전히 기억하는 연로한 성도들만이 희망을 버리지 않고 있었다. 어쩌면 그들조차 반신반의와 기대감이 뒤섞인 가운데 사라처럼 웃었을지 모르겠다.

오늘날의 크리스마스가 어떤 의미를 갖고 있든지 간에, 저 첫 번째 크리스마스는 기적의 송축(頌祝)이었다. 왜냐하면 마른 땅에서 뿌리가 나왔기 때문이다.

chapter 10

내주하시는
성령께서
주시는 힘

우리 주님의 경우, 세상 고통의 중압감 때문에 주저앉을 것 같았던 몇몇 짧은 경험을 제외한다면, 이 땅에서 비교적 평안한 삶을 사셨던 것으로 보인다. 이런 추측은 적어도 하나님께서 그분의 기쁘신 뜻에 따라 제4복음서에서 우리에게 제공해 주신 간략한 전기적(傳記的) 기록에 근거한 것이다.

물론 그리스도께서 슬픔의 사람이셨던 것은 사실이다. 또 그분의 순수함과 정직함과 날카로운 도덕적 통찰력 때문에 그분 주변의 빈껍데기 종교와 정면으로 충돌하신 것도 사실이다. 하지만 그렇다 해도 이 땅에 머무시는 동안에는 어느 정도 중압감에서 벗어나 다소간 조용함과 차분함을 누리신 것도 역시 사실이다.

그분이 힘들고 지친 모습을 보여주신 것은 인간의 죄를 담당하기 위해 죽음의 어두운 영역으로 자진해서 들어가셨을 때뿐인데, 그때 그분이 그토록 힘드셨던 이유는 스스로 희생자, 즉 '그 희생자'(the Victim)가 되셨기 때문이다. 다시 말해서, 죄인들의 몫으로 마땅히 돌아가야 할 눈물과 피와 죽음을 대신 짊어지기 위해 정상적인 삶을 스스로 포기하셨기 때문이다.

우리의 주님이 피곤을 최소한으로 느끼며 일하실 수 있었던 것은 성령께 완전히 사로잡힌 사람이셨기 때문이다. 인간으로서의 피곤을 느끼셨기 때문에 피로 회복을 위해 잠과 휴식이 필요하셨던 것은 사실이지만, 정신적 중압감과 육체적 피로를 훨씬 적게 느끼셨던 이유는 성령께서 끊임없이 소생케 해주셨기 때문이다. 베드로의 말에 의하면, 하나님이 나사렛 예수에게 성령과 능력을 기름 붓듯 하신 후에 비로소 예수께서 두루 다니시며 선한 일을 행하시고 마귀에 눌린 모든 사람을 고치셨다 (행 10:38).

진정한 건강의 비결

인간의 정상적인 힘을 훨씬 초월하여 일하면서도 피로를 전혀 또는 거의 느끼지 않는 것이 가능하다. 일을 위한 에너지가 인체 조직의 연소를 통해서가 아니라 내주하시는 성령의 능력에 의해 공급될 때 그럴 수 있다. 소수의 비범한 사람들은 이 진리를 깨달았다. 유감스러운 것은 이런 사람들이 많지 않았다는 것이다.

목회자들이 신경쇠약에 걸리는 비율이 다른 사람들보다 훨씬 높다는 사실이 최근에 사람들의 주목을 받게 되었다. 이런 안타까운 일이 일어나게 된 원인에는 여러 가지가 있겠지만, 그중 대부분은 목회자들에게 비난의 화살을 돌릴 수 없는 것들이다. 하지만 그렇다 해도 나는 목회자늘이 그토록 신경쇠약에 많이 걸린다는 것이 잘 이해되지 않는다. 혹 새 창조의 아들들이라고 자처하는 우리가 마땅히 알아야 할 것을 알지 못해서 원래 가지고 있던 권리를 잃어버리고 있는 것은 아닌가?

분명히 말하지만, 영적인 일을 할 때는 자연적으로 주어진 재능의 힘에 의지해서는 안 된다. 하나님께서는 우리가 초자연적인 일을 행할 수 있도록 초자연적인 에너지를 공급해 주셨다. 목회자들에게서 신경쇠약이 많이 나타나는 것은 성령의 능력을 받지 못한 채 성령의 일을 하려 하기 때문일 수 있다.

일부 위대한 사람들의 경험에 의하면, 성령께서 실제로 인간의 생체 안으로 들어가 기운을 회복시켜 주신다고 한다. 이것을 뒷받침해 주는 것으로 보이는 성경구절이 있다. 다음과 같은 이사야서의 구절이 바로 그것 아니겠는가?

마침내 위에서부터 영을 우리에게 부어주시리니 광야가 아름다운 밭이 되며 아름다운 밭을 숲으로 여기게 되리라 그때에 정의가 광야에 거하며 공의가 아름다운 밭에 거하리니 공의의 열매는 화평이요 공의의 결과는 영원한 평안과 안전이라 내 백성이 화평한 집과 안전한 거처와 조용히 쉬는 곳에 있으려니와 그 숲은 우박에 상하고 성읍은 파괴되리라 모든 물가에 씨를 뿌리고 소와 나귀를 그리로 모는 너희는 복이 있느니라

사 32:15-20

어쩌면 우리는 정말 좋고 필요한 것들을 잃어버린 채 지내왔는지 모른다. 기도하면서 이 문제에 깊은 관심을 갖는다면 아주 좋을 것이다. 평신도 그리스도인들이 오랫동안 모르고 지내온 건강의 비결을 우리가 발견했는지 누가 알겠는가? 우리가 그 비결을 알아야 할 필요가 있다는 것을 하나님은 잘 알고 계신다.

chapter 11

누구를
향한
감사인가

'전혀 감사하지 않는 마음' 같은 것은 아마도 없을 것이다. 자신이 얻게 된 좋은 것에 대해 감사의 마음을 갖는 순간이 누구에게나 찾아온다. 이런 마음은 본능이라고 할 수 있는데, 만일 본능이 아니라면 아주 어렸을 때 생긴 정신적 습관일 것이다.

그런데 우리는 많은 사람들이 감사를 표현해야 할 때 그렇게 하지 못한다는 것도 잘 알고 있다. 아버지나 어머니나 친구에게 마땅히 감사했어야 했는데 그렇게 하지 않았다면 그 사람은 나중에 후회하게 될 것이다. 누군가에게 친절을 베풀었는데 그가 고맙다는 말 한 마디 없이 당연히 여길 때 밀려오는 불쾌감도 누구나 한 번 쯤 경험했을 것이다.

심지어 그리스도께서도 감사 없는 태도에는 마음이 편하지 않으셨던 것으로 보인다. 그분은 치료받은 열 명의 문둥병자 중 단 한 사람만 돌아와 감사했을 때 다소 슬픈 듯이 "그 아홉은 어디 있느냐"(눅 17:17)라고 물으셨다. 이 사건에 너무 많은 의미를 부여하는 것은 옳지 않겠지만, 그분이 치료받은 문둥병자들에게 감사의 말을 듣기 원하셨다가 결국 실망하셨다고 해석하는 것은 무리가 아닐 것이다.

하지만 예수께 감사의 말을 하지 않은 아홉 명의 문둥병자가 감사를 전혀 모르는 사람들이었다고 결론 내리는 것도 옳은 것은 아니다. 그들도 친구나 친척, 심지어 낯선 사람에게 도움을 받았을 때 어렵지 않게 감사의 마음을 느꼈을 것이다. 그런데 왜 그들은 가장 감사를 받아야 마땅하신 분께 감사하지 않았을까?

감사, 하나님만 빼고?

하나님을 제외한 모든 사람들에게 감사하는 이런 습관은 아홉 명의 문둥병자에게 국한되지 않는다. 비행기, 기차, 식당 또는 문명사회의 사람들이 서로 만나 교류하는 곳에 가보면, 이런 습관이 눈에 보일 것이다. 하나님의 이름을 쏙 빼고 사람들끼리 서로 감사하는 말이 곳곳에서 튀어나올 것이다.

내가 어딘가에서 읽은 이야기가 생각난다. 농장 출신의 그리스도인 청년이 대학에 진학했다. 그는 식당에서 식사 전에 머리를 숙이고 하나님께 감사했는데, 이것을 본 동료 학생들이 그를 놀렸다. 그러자 그는 씩 웃으며 "음식을 먹을 때 아무에게도 감사하지 않는 것은 돼지도 마찬가지지"라고 말했다. 그의 말이 다소 직설적이기는 하지만, 아무튼 친구들은 그의 말이 무슨 뜻인지 충분히 알았을 것이다.

우리가 누리게 된 좋은 것들이 결국 어디에서 왔는지를 깊이 생각해서 '만복의 근원이신 분'께 감사를 표하는 것은 매우 중요하다. 마음속에서 잠깐 애매모호한 감사를 느끼다가 결국 감사의 대상조차 찾지 못한다면 매우 슬픈 일이 아닐 수 없다.

한때 나는 기품 있는 노부부와 함께 생활한 적이 있다. 그들은 그리스도인이 아니었지만, 자신들이 가진 모든 것을 감사히 여겼다. 그들의 깊은 감사는 나를 감동시키기에 충분했다. 겨울바람이 숲속에서 윙윙 거리며 그들의 낡은 집을 흔들어댈 때 그 남편은 잔잔히 미소 지으며 "이런 날에 이렇게 따뜻한 곳에서 잠을 잘 수 있으니 얼마나 좋아!"라고 말하곤 했다. 그의 아내는 장성해서 타지에 흩어져 사는 자녀들에 대해 종종 "내 자녀들이 모두 건강하고 생각이 반듯하니 정말 감사하다! 너무 감사하다!"라고 말하곤 했다.

이 노부부의 감사에는 거짓이 없었다. 그들이 드리는 감사의 진정성은 조금도 의심할 필요가 없었다. 하지만 '이들의 감사는 누가 받는 것인가?' 하는 생각이 종종 내 머리를 스쳤다. 그들은 누구에게 감사한 것인가? 그들의 감사에는 '그 감사를 받는 존재'가 빠져 있었다.

좋은 일이 생길 때 세상 사람들이 나름대로 반응하는 방법이 있다. 운 좋게 대박이 났을 때 사업가나 운동선수나 정치인들은 자기의 손바닥을 세게 마주치며 "좋았어! 최고야!"라고 외친다. 말하자면, 감사하는 것이다. 그런데 누구에게 감사하는 것일까?

올바른 대상을 찾아야 한다

내가 방금 얘기한 그 노부부는 사실상 하나님께 감사하려는 의도를 갖고 있었는지도 모른다. 평생의 좋은 기회를 잡아서 기쁨의 환성을 지르는 현대인의 마음속 깊은 곳에 하나님께 빚을 지고 있다는 생각이 은밀히 자리 잡고 있는지도 모른다. 문제는 그들이 잘 알지도 못하는 분에게 감사를 표현하는 것을 부끄럽게 여긴다는 것이다. 하나님께 불쾌감을 드렸다는 것을 아는 그들은 그분을 마주대하는 것보다 차라리 아담처럼 도망하여 동산의 나무들 사이에 숨는 편을 택한다. '감사를 하지 않으면 뻔뻔한 사람이 되는 것이 아닌가?' 하는 생각 때문에 때로 종교적 감정을 표현하기는 하지만, 그 표현은 구체적이지 못하고 막연하다.

사도 바울처럼 "우리 주 예수 그리스도로 말미암아 하나님께 감사하리로다"(롬 7:25)라고 말하는 것보다는 단지 "나는 감사한다"라고 말하는 것이 훨씬 더 쉽다. 후자의 감사는 그 감사의 말을 하는 사람에게 종교적 차원에서 아무 의무도 지우지 않는다. 혹시라도 누군가 그의 감사의 말에 대해 종교적 관점에서 그에게 파고들 경우 재빨리 빠져나갈 수 있는 공간적 여유를 제공해 주는 것이 후자의 감사이다. 하지만 전자의 감사는 강을 건넌 후 다리를 불사르고 십자가를 지겠다는 각오를 한 사람이 할 수 있는 감사이다.

우리는 마땅히 감사해야 할 무수한 복이 이미 우리에게 주어졌다는 것을 언제나 상기해야 할 것이다. 감사의 표현에 인색하지 말자. 말로 표현되는 감사는 그 감사를 하는 사람에게는 치유의 효과를 주고, 그 감사의 말을 듣는 사람에게는 선한 영향을 준다.

우리는 이교도처럼 애매모호한 감사를 해서는 안 된다. 성경은 우리에게 이렇게 가르친다.

"우리에게는 한 하나님 곧 아버지가 계시니 만물이 그에게서 났고 우리도 그를 위하여 있고 또한 한 주 예수 그리스도께서 계시니 만물이 그로 말미암고 우리도 그로 말미암아 있느니라"(고전 8:6).

chapter 12

하나님께 기대어
얻는 힘,
소망

자연이 우리 모두에게 선사한 보물들 중에서 소망은 가장 귀하면서도 가장 위험하다.

사실 소망은 아주 흔한 것이어서 우리는 이것을 당연히 여기고 얼마나 귀한지 깨닫지 못한다. 소망이 없다면 이 타락한 세상에서의 삶이 견딜 수 없을 만큼 힘들어질 것이고, 삶의 열정은 즉시 사라질 것이며, 아주 짧은 고생도 못 참고 절망하여 자살하는 사람이 부지기수일 것이다. 인간의 가슴속에 품은 소망이 모두 산산조각난다면 불과 몇 년 안에 인류는 전부 사멸할 것이고, 생식력과 자기보존의 본능마저 약해져 그 사멸을 막지 못하게 될 것이다.

살아가야 할 다른 이유를 찾지 못할 때에도 우리가 삶을 지속시킬 수 있는 것은 소망이 돌보아주고 위로해주기 때문이다. 파선한 배의 선원이 도움과 구조의 손길을 기다리며 마치 몇 년처럼 길게 느껴지는 시간 동안 낙심하지 않고 버틸 수 있는 것도 소망이 주는 힘 때문이다. 애국자가 온갖 역경에 굴하지 않고 계속 싸워 결국 승리할 수 있는 것도 소망으로 단단히 무장했기 때문이다. 죄수가 외로운 감방에서 자살하거나 미치지 않는 것도 스스로 만든 달력에 해와 달과 날을 표시해 가며 소망의 끈을 놓지 않기 때문이다.

소망은 질병이나 부상으로 고생하는 사람이 통증과 구토를 끝까지 참아내며 결국 '고생 끝, 건강 시작'에 이르도록 힘을 준다. 긴 여행에 지칠 대로 지쳐 귀갓길을 서두르는 사람의 발걸음을 가볍게 해주는 것은 사랑하는 사람의 곁에 누워 쉴 수 있다는 소망이다.

하나님께서 사람들을 다루실 때 소망은 고귀한 역할을 했다. 메시아가 오실 것이라는 기대는 이스라엘의 승리의 시절에 그들에게 기쁨을 주었고, 포로로 잡혀가거나 각지로 흩어져 살아야 했던 고난의 시절에는 절망에서 건져주었다.

주님을 두려워하는 사람들은 종종 고난을 당해야 했다.

돌로 치는 것과 톱으로 켜는 것과 시험과 칼로 죽임을 당하고 양과 염소의 가죽을 입고 유리하여 궁핍과 환난과 학대를 받았으니 (이런 사람은 세상이 감당하지 못하느니라) 그들이 광야와 산과 동굴과 토굴에 유리하였느니라 히 11:37,38

이 구절은 구약의 성도들에게 바치는 신약의 찬사이다. 하지만 신약시대 이후 펼쳐진 기독교의 역사는 이 구절이 그려주는 고난만큼이나 고통스러웠고, 때로는 더 고통스러웠다. 그럼에도 고난의 한복판에 있던 성도들이 끝까지 견딜 수 있었던 것은 오로지 큰 소망이 주는 힘 때문이었다. 사정이 좀 더 나아진 시절에는 소망의 힘에 의지해 고난을 참았을 뿐만 아니라 고난 중에도 노래하며 기뻐했다.

오늘도 살아 있는 소망

소망이 이토록 힘 있고 아름다운 것이기 때문에 소망의 귀중함은 아무리 강조해도 지나치지 않다. 소망은 금이 아닌 것들을 금으로 바꾸는, 하나님이 내리신 연금술이다. 사도 바울이 죽음의 위기의 한복판에서도 담대함과 기쁨을 잃지 않았던 것은 결국 어떤 결과에 이를지에 대한 굳은 확신이 있었기 때문이다.

그는 "우리 살아 있는 자가 항상 예수를 위하여 죽음에 넘겨짐은 예수의 생명이 또한 우리 죽을 육체에 나타나게 하려 함이라 … 우리가 잠시 받는 환난의 경한 것이 지극히 크고 영원한 영광의 중한 것을 우리에게 이루게 함이니"(고후 4:11,17)라고 말했다.

또한 로마서의 거의 끝부분에서는 "소망의 하나님이 모든 기쁨과 평강을 믿음 안에서 너희에게 충만하게 하사 성령의 능력으로 소망이 넘치게 하시기를 원하노라"(롬 15:13)라고 했다. 로마의 그리스도인들을 위한 그의 이 아름다운 작은 축도는 마치 한 오두막에 동거하는 아름다운 네 자매처럼 믿음과 평강과 기쁨이 소망과 동거한다는 것을 보여 준다.

믿음은 하나님의 성품에 대해 확신을 갖는 것이고, 소망은 약속되었지만 아직은 실현되지 않은 복된 것들을 기쁨으로 기대하는 것이다. 소망은 전자빔(electronic beam) 같은 것이어서, 이것을 타면 그리스도인이 폭풍우를 뚫고 곧장 날아가 안전한 피난처에 이를 수 있다. 하나님의 자녀에게 있어서 소망은 "우리를 사랑하시고 영원한 위로와 좋은 소망을 은혜로 주신"(살후 2:16) 하늘 아버지의 선물이다.

그리스도인의 소망이 견고한 이유는 그것이 하나님의 성품과 그분의 아들 예수 그리스도의 속량의 기초 위에 세워져 있기 때문이다. 그래서 베드로는 그리스도인의 소망을 가리켜 "산 소망"(벧전 1:3)이라고 부를 수 있었다. 그것이 산 소망인 이유는 공상이 아닌 실재(實在)에 근거하기 때문이다. 이것은 근거 없이 자기 마음대로 꿈꾸는 것이 아니라, 지극히 높으신 분의 온전한 능력에 의지하여 기대하며 힘을 얻는 것이다.

chapter 13

거짓
소망의
위험성

앞의 글에서 나는 우리의 모든 보물 중에서 소망이 가장 귀하면서도 가장 위험스러운 것이라고 말했다. 이 말을 올리버 골드스미스(1730-1774. 영국의 소설가, 극작가 및 시인)는 다음과 같이 표현했다.

소망은,
반짝이며 빛나는 가는 양초의 빛처럼
우리의 길을 꾸며주고 힘을 북돋워준다.

그러나 총명하고 경험 많은 인류의 선생들이 소망에 대해 들려주는 이야기를 들어보면, 조금만 들어도 그들의 말에서 무엇인가 씁쓸함이 느껴진다. 이에 대해 드라이든은 직설적으로 말한다.

인생을 곰곰이 생각해 보니
온통 기만(欺瞞)뿐인데,
사람들은 소망에게 속아
그 기만을 더 좋아하는구나.

또한 냉소적인 라 로슈푸코(La Rochefoucauld)는 이렇게 말했다.

"소망이 비록 속이는 것이라 할지라도, 죽을 때까지 기분 좋은 길을 걷도록 도와주는 장점도 있기는 하다."

헛된 소망이 가져오는 절망

소망을 바라보는 시선들이 왜 이토록 다른가? 어째서 소망이 선하면서도 악한 것으로, 힘을 주면서도 속이는 것으로 알려졌을까? 조금만 생각해보면 그 이유가 드러난다.

파선 당한 많은 선원들이 구조되어 사랑하는 사람들과 다시 만나는 복된 모습을 그려주는 소망에 의지해 버텼지만, 결국은 망망대해에서 갈증과 체온저하로 죽었다. 소망은 많은 죄수에게 사면 받아 교수형을 면할 것이라고 믿도록 만들었지만, 결국 그들은 밧줄 끝에 매달려 죽어가는 서로를 옆에서 조용히 지켜보아야 했다. 암이나 폐결핵으로 고생하는 수천 명의 사람에게 소망은 건강회복의 약속을 속삭여 주었지만, 그들은 죽을 때까지 단 하루도 건강을 모르고 살아야 했다.

소망은 "작전 수행 중에 실종된 당신의 아들이 틀림없이 살아 있다"라고 어머니에게 말해주어 그녀가 죽을 때까지 아들의 편지를 기다리게 했지만, 그 편지는 오지 않았고 올 수도 없었다. 혹시 편지를 썼다 해도 어느 해변가의 표시조차 없는 무덤에 이미 오래 전에 잠들었을 것이기 때문이다.

"소망 같은 질병이 없다"라는 힌두교 속담은 타락한 인류에게 딱 들어맞는다. 실현의 보장이 없는 소망은 거짓 친구이기 때문에 잠시 우리의 비위를 맞추며 위로를 주지만 결국 우리를 적에게 넘겨준다. 밝은 미래가 우리의 것이 될 수 없는 상황에서 그런 미래에 대한 기대감을 품으면 '저 마지막 계산의 날'에 절망과 고통을 맛보게 될 뿐이다.

참 소망은 하나님의 능력에 기반한다

오직 그리스도인만이 소망을 품을 권리가 있다. 그의 소망을 이루어줄 하나님의 능력이 오직 그에게만 주어지기 때문이다. 그리스도 안에서 소망을 갖는 사람은 거짓말을 하실 수 없는 하나님께서 앉아 계신, 무지개에 둘러싸인 보좌만큼 안전하다.

이런 사람에게는 위를 바라보며 모든 약속의 성취를 조용히 기다릴 수 있는 권리가 있다. 다만 그는 성경의 계시의 말씀에서 벗어나는 소망을 품지 않고 의심과 두려움 없이 살다가 죽으면 되는 것이다. 그가 아무리 상상의 날개를 편다 해도 그 상상이 하나님을 사랑하고 그분의 자비에 소망을 두는 사람들에게 주어진 그분의 약속들보다 더 높이 날아올라서는 안 된다.

하나님은 약속을 기업으로 받는 자들에게 그 뜻이 변하지 아니함을 충분히 나타내시려고 그 일을 맹세로 보증하셨나니 이는 하나님이 거짓말을 하실 수 없는 이 두 가지 변하지 못할 사실로 말미암아 앞에 있는 소망을 얻으려고 피난처를 찾은 우리에게 큰 안위를 받게 하려 하심이라 우리가 이 소망을 가지고 있는 것은 영혼의 닻 같아서 튼튼하고 견고하여 휘장 안에 들어가나니 그리로 앞서 가신 예수께서 멜기세덱의 반차를 따라 영원히 대제사장이 되어 우리를 위하여 들어가셨느니라

히 6:17-20

대제사장이 없는 소망은 거짓 소망이다. 그분의 맹세에 의해 보호받지 못하거나 닻의 견고한 지지를 얻지 못하는 사람이 어떻게 감히 장래의 복을 기쁨으로 바라볼 수 있겠는가? 인간이 마음에 품는 이런저런 소망들은 진정한 근거를 가진 것인가?

유감스럽게도, 하나님의 용서의 사랑을 모르고 그분의 인정(認定)의 입맞춤을 체험하지 못한 수많은 사람들이 자기의 영혼에 아무 문제가 없다는 착각 속에서 살아가고 있다. "아무튼 내가 그렇게 나쁜 사람은 아니잖아. 하나님은 좋은 분이니까 모든 것이 다 잘 될 거야"라고 스스로를 안심시키며 헛된 소망을 자꾸 키워나간다.

세속적 생각으로 가득 찬 사람들이 자기가 하나님의 자녀이기를 소망한다. 회개와 갱생(更生)을 모르는 자들이 의인이 받을 상을 꿈꾼다. 지옥의 판결을 받기에 합당한 본성을 가진 자들이 결국에는 천국에 들어가기를 바란다(그렇게 바라면서도 마음 한쪽에서는 일말의 불안을 느낀다).

이 땅의 삶이 견딜 만한 것은 소망이 있기 때문이다. 지옥이 견딜 수 없는 것은 모든 소망이 사라졌기 때문이다. 천국이 영원한 복락의 장소인 것은 소망이 성취되어 찬란히 빛나기 때문이다.

시편 기자는 이렇게 노래한다.

"주 여호와여 주는 나의 소망이시요 … 나는 항상 소망을 품고 주를 더욱 더욱 찬송하리이다"(시 71:5,14).

영원한
삶이
있다

행위와 결과 사이에는 밀접한 인과관계가 존재한다. 올바로
사고하는 사람이라면 이것을 부인하지 않을 것이다.

상벌(賞罰)의 사상은 유대인과 기독교인의 신앙체계에서 견
실하고 중요한 부분이며, 더 나아가 유대-기독교 이외의 다른
종교들과 많은 도덕 철학자들의 신념체계에서도 역시 그렇다.
"선악을 알게 하는 나무의 열매는 먹지 말라 네가 먹는 날에는
반드시 죽으리라"(창 2:17)라는 하나님의 말씀에 의하여, 에덴
동산의 아담과 하와는 일종의 보호관찰 상태로 들어가게 되었
다. 이것은 여기서 더 이상 논평할 필요가 없을 정도로 그리스
도인들에게 일반적으로 받아들여지는 내용이다.

하나님을 두려워하고 영원한 심판을 생각하며 경건하게 사는 것은 옳고 선한 일이다. 반면, 당장 눈앞에 나타나게 될 결과를 두려워하며 현재를 살아가는 것은 털끝만큼도 정당화될 수 없는 아주 해로운 악이다. 그런데 후자의 두려움이 오늘날의 교회에 어두운 그림자를 드리운다. 그리고 그 그림자는 거의 모든 곳에서 발견된다.

도덕적인 문제에서 어떤 결정을 내려야 할 때는 그 결정이 가져올 도덕적 결과를 고려해야 한다. 미래에 생기게 될 경제적 또는 사회적 결과에 대한 두려움이 우리의 결정을 좌지우지해서는 안 된다. 지혜로웠던 한 그리스 사람이 이렇게 말했다.

"그 무엇에라도 쓸모 있는 사람이 되려면, 삶과 죽음의 가능성을 계산해서는 안 되고, 자기가 옳은 행위를 하는 것인지 잘못된 행위를 하는 것인지를 따져야 한다."

성령의 감동을 받지 못한 스토아학파 사람이 우월한 종교적 체험을 했다고 주장하는 우리 그리스도인조차 잘 이해하지 못하는 것을 깨달은 것이다! 그의 말이 우리에게 적잖은 당혹감을 안겨주는 것이 당연하지 않은가!

'모든 것에서 기독교적이지 못하면, 어떤 것에서도 기독교적이지 못한 것이 아닌가?' 하는 생각이 내 머리를 스친다. 어떤 사람이 한두 가지, 아니 열 가지 경우에 그리스도께 순종했다가 그 다음에는 현실적 결과에 대한 두려움 때문에 순종을 거부하고 뒤로 물러선다면, 그는 참된 신자가 아니라 단지 어려움이 없을 때에만 그리스도를 따르는 사람이라는 의심을 사기에 충분하다. 아무 대가를 치르지 않아도 될 때에는 순종하고 비싼 대가가 예상될 때에는 순종을 거부하는 사람은 자신이 역겨울 정도로 거짓되고 도덕적으로 천박하다는 것을 인정하는 셈이다.

결코 타협할 수 없는 문제

앞으로 생기게 될 사회적 결과를 자기에게 유리하게 만들겠다는 의도에 따라 살아가고 싶은 유혹은 이런 세상에서 우리에게 충격적일 정도로 강하지만, 우리는 언제나 그런 유혹을 이겨내야 한다.

도덕적 문제에서 어떤 결정을 내려야 할 그리스도인 사업가는 "이것이 내게 얼마나 손해를 입힐까?"라고 물어서는 안 된다. 자신의 선택이 금전적으로 어떤 결과를 가져올 것인지에 대해 고민하기 시작하는 순간, 그리스도를 삶의 주인의 자리에서 끌어내리는 것이다. 그는 오로지 하나님의 뜻과 자신의 선택의 도덕성에 관심을 가져야 한다. 그 밖의 다른 것에 연연하면 자신의 영혼을 해치는 죄를 짓는 것이다.

또 다른 예를 들어보자. 주일 아침에 회중 앞에 선 목회자는 그의 설교가 그의 일자리와 월급, 또는 향후 그와 교회의 관계에 어떤 영향을 끼칠 것인가를 생각해서는 안 된다. 내일에 대한 걱정으로 가득 차 있다면 삯꾼이지 참된 목자가 아니다. 성경을 풀어 가르칠 때마다 자신의 미래를 위험에 빠뜨리지 않으려는 설교자는 좋은 설교자가 못 된다. 설교할 때마다 자신의 일자리와 명성을 걸지 않는 사람은 선지자의 전통에 서 있다고 주장할 자격이 없다.

이런 원리는 기독교 작가와 편집자에게도 그대로 적용된다. 일자리를 잃지 않으려고 자기 책의 내용을 손질하는 작가는 대중의 신뢰를 받을 자격이 없다. 작가의 글 한 편이나 그 글의 한 문단을 받아들이는 것이 두려워 그것을 거부하는 편집자는 결과에 대한 두려움의 그림자 안에 갇혀 있는 것이다. 출판인이 이윤 증가에 연연하거나 매출 감소를 두려워하여 책의 출판 방향을 결정한다면, 그리스도께서 성전에서 쫓아내신 '돈 바꾸는 자들'의 도덕적 수준보다 그리 높은 것이 아니다.

방금 언급한 몇 가지 예는 아주 심각한 현대의 악(惡), 즉 눈앞의 결과를 영원한 것들보다 앞세우는 악이 무엇인지를 잘 가르쳐주는 예이다.

나는 여기에 한 가지 주의의 말을 덧붙이고 싶다. 어떤 행동이 그 자체로서는 선한 것이라 할지라도, 어떤 특정한 상황에서는 일단 그 행동을 보류하는 것이 더 좋을 수도 있다. 다만 그럴 경우, 하나님의 영광을 드러내고 사람들에게 복의 통로가 되겠다는 동기에서 그렇게 해야 한다. 어떤 말은 그 자체로서는 맞는 말이라도 경우에 맞지 않으면 누군가에게 상처를 줄 수도 있다. 해로운 말을 하는 것보다는 차라리 침묵하는 편이 더 좋다. 물론, 침묵하는 이유는 두려움이 아니라 사랑이어야 한다.

정리하자면 이렇다. 어떤 행동이 아무리 고결해 보여도 현세적 결과에 대한 두려움에서 나온 것이라면 결국 선한 것이 아니다. 세속적인 이익을 위한 행동은 본질적으로 악한 행동이다. 그 행동의 도덕적 질을 결정하는 것은 동기이다. 거룩한 동기가 없으면 거룩한 행동도 없다.

피로스Pyrrhus의 승리

주전 300년 경 피로스라는 그리스 왕이 헤라클레아에서 로마 군대와 전투를 했다. 그는 이겼지만, 얻은 것보다 더 많은 것을 잃는 끔찍한 결과에 직면해야 했다. 그래서 너무 많은 대가를 지불하고 얻는 승리를 가리켜 사람들은 '피로스의 승리'라고 부르게 되었다.

나는 얼마 전에 연합통신(A.P.)이 전한 한 가지 뉴스를 듣고, 피로스 왕과 너무나 큰 값을 치러야 했던 그의 군사적 승리를 생각하게 되었다. 이 뉴스는 '미국 무신론 진흥회'에 관한 것이었다. 이 단체는 자매단체인 '미국의 자유사상가들' 및 '전국자유연맹'과 더불어 1920-30년대에 승승장구하며 위력을 떨

쳤었다. 이 세 단체는 미국 내에 수십 개의 지부를 갖고 있었다. 호전적인 무신론자와 불가지론자들이 수강료를 내고 참석하는 수백 명의 청중에게 매주 강의를 해주었다. '스미스와 그의 무신론자들'이라는 제목의 머리기사가 등장했고, 전국의 대학 캠퍼스들에는 '지옥에 떨어진 영혼들'이라고 알려진 동아리가 적지 않게 생겨났다. 불경건한 자들의 무적군대가 하나님과 교회와 성경을 끊임없이 공격했다.

기독교의 승리?

연합통신의 한 종교담당 기자가 반신적(反神的) 구호를 외치며 팔을 흔들어댄 과거의 이 운동이 그 후 어떻게 되었는지 궁금해서 조사를 시작했던 것 같다. 그는 수소문 끝에 늙은 찰스 스미스를 찾아냈다. 그가 "어떻게 된 겁니까? 당신과 함께했던 사람들이 모두 어디에 있나요? 연전연승하던 무신론 군대는 어떻게 된 거죠?"라고 물었고, 스미스는 의미심장한 대답을 내놓았다.

우선, 그의 반종교적 단체들은 세력이 아주 약해져서 흔적을 찾기 힘들게 되었다. 무신론 강의를 듣기 위해 돈을 내는 사람은 더 이상 없고, 그의 무료 강연조차 소수의 사람만 참석하여 썰렁한 분위기를 연출했다. 반신적 잡지 중 가장 오래되고 가장 유명한 것도 겨우 2천 부 정도 발행된다고 했다. 와자지껄한 분위기에서 구호를 외치는 일은 이미 사라졌고, 그나마 남아 있는 직업적 무신론자와 불가지론자는 공격 대상이 눈에 빤히 보이는 상황에서도 그들을 공격하도록 추종자들에게 적개심을 불러일으키지 못했다.

기독교가 승리한 것이다! 나는 몇 년 전에 설교자들이 '노골적인 불신앙의 사람들'을 그토록 열렬히 비판하는 것을 듣곤 했는데, 교회가 바로 그런 불신앙의 사람들을 누르고 승리한 것이다.

아마도…, 승리한 것 같다. 그런데 승리를 축하할 축제일을 선포하기는 아직 이르다. 우리의 승리가 '피로스의 승리'가 될 수도 있기 때문이다!

스미스 씨는 진정한 지적(知的) 무신론은 과거보다 강해졌다고 믿는다. 무신론이 패배한 것처럼 보이는 현상에 대한 그의 해명은 진정한 그리스도인들을 부끄럽게 만들 수도 있다. 그가 수세에 몰려 있고 그의 해명에 약간의 억지가 있다는 것을 인정한다 할지라도, 그의 말의 상당 부분이 사실이므로 그리스도인들은 부끄러워하며 무릎 꿇고 회개해야 한다.

스미스 회장의 말에 의하면, 조직적 무신론 운동이 최근 몇 년 동안 점점 조용해지게 된 이유는 무신론의 교리와 교회의 교리 사이에 더 이상 뚜렷한 전선이 존재하지 않기 때문이다. 무신론자들을 격분시켜 하나님과 성경을 공격하도록 만들었던 과거의 설교가 아주 많이 사라졌다. 지옥 불, 기적, 전능의 하나님을 기쁘게 해드리는 삶을 살아야 한다는 주장과 같은 것들이 현재의 기독교 메시지에서 중요한 부분이 되지 못한다.

기독교에 물을 타서 희석해 버렸기 때문에 이제 기독교는, 스미스의 표현을 빌려 말하자면 "자, 여러분! 힘내서 삽시다!"라고 외치는 철학과 별로 다를 바 없다. 지금 기독교는 하나님을 기쁘게 해드리려고 노력하지 않고 대신 사람들을 기쁘게 해주려고 애쓴다. 지금 전파되고 있는 기독교는 기독교 본연의 진리에 철저하지 못하기 때문에 무신론자를 자극하지 못한다. 그러다 보니 무신론자는 사람들을 기독교에서 해방시켜야 할 필요성을 느끼지 못한다.

이 늙은 무신론자는 "이런 새로운 종교는 그렇게 나쁘지 않습니다"라고 말한다. 종교가 이제는 좀 더 이성적(理性的) 자세를 취하고 있고, 무신론자들에게 덜 공격적인 태도를 취한다. 교회는 사교 단체와 다를 바 없어졌다.

이것이 미국 무신론 진흥회의 늙은 회장이 하는 말이다. 그의 이런 말을 듣고도 우리 마음에 찔림이 없다면, 그가 덧붙인 무섭고 신랄한 말까지 마저 들어야 할 것이다.

"그리스도인 중 일부는 거의 무신론자와 다를 바 없습니다."

진짜 승리는 누구의 것일까

몇 년 동안 나는 잘못 인도 받는 그리스도인들이 적과 친구 관계를 맺기 위해, 또 십자가를 '세상이 받아들일 만한 것'으로 만들기 위해 거룩하지 못한 노력을 하는 것을 보아왔다. 소수의 선지자가 이런 황당한 변절을 비판하는 글을 쓰고 설교를 해 왔지만, 그들의 말에 주목하는 사람은 없었다. 기독교에서 유행하는 이런저런 운동들을 지금까지 이끌어 왔고, 또 현재도 이끌고 있는 사람들은 십자가의 의미를 모르는 사람들이다.

그들은 빛과 어두움이 서로 어울릴 수 없다는 것조차 모른다. 오직 세상을 모방하느라고 바쁘고, 어금니 꽉 깨물고 세상을 닮으려고 애쓴다. 그들은 그리스도를 영접하기만 하면 그리스도인이 되고, 마음의 평안을 얻고, 천국에 갈 것이라는 확신이 생긴다고 믿는다. 그들이 볼 때, 그리스도를 영접하기만 하면 그 후에는 십자가가 의미가 없고, 그리스도도 권위를 갖지 못하신다.

타협과 협조가 이제는 신앙의 뚜렷한 특징이 되고 말았다. 마음을 편히 먹고 사회에 잘 적응하는 것이 그리스도의 계명을 지키는 것보다 더 중요하다. 사람들의 비위를 맞추고 환심을 사는 것이 성자(聖者)다움을 말해주는 현대 그리스도인의 배지(badge)가 되었다. 세상과 그리스도인 사이에 더 이상 큰 차이가 없다. 이것은 우연히 그렇게 된 것이 아니라 그리스도인들이 만들어놓은 것이다.

우리는 무신론자들과의 싸움에서 이겼다. 그들은 더 이상 우리를 피곤하게 하지 않는다. 그러나 앞으로 전개될 상황들은 우리가 너무 큰 대가를 치르고 승리를 얻었다는 것을 증명해 줄 것이다. 우리의 승리는 '피로스의 승리'일 뿐이다.

The Size of the Soul

3

부흥,
나에게서부터
시작되다

그러므로 네가 열심을 내라 회개하라

요한계시록 3장 19절

chapter 16

살아내는
믿음이
진짜다

에픽테토스는 이렇게 말하곤 했다.

"진정한 철학자는 크리시포스(스토아철학을 체계화한 주요 인물)와 디오게네스(그리스 철학자로서 견유학파의 시조 중 한 사람)를 읽어서 이들의 교훈에 대해 박식한 강의를 할 수 있는 사람이 아니라, 그들의 교훈을 실천에 옮긴 사람이다."

에픽테토스는 실천이 아닌 것에는 결코 만족하지 못했다. 그는 교만, 탐욕, 자기사랑 또는 세속적 야망이 조금이라도 보이는 사람은 철학자라고 부르기를 거부했다.

그는 달변이나 많은 학식에 감동하지 않았다. 그의 학생들이 자기가 읽은 책의 목록을 그에게 말해봤자 시간낭비일 뿐이었다. 그는 "네 독서가 네게 어떤 영향을 주었느냐?"라고 물었고, 자신의 질문에 대한 대답을 그들의 말에서 찾지 않고 그들의 삶에서 찾았다. 배움을 위해 그를 찾아온 젊은이들에게 스토아철학을 철저히 따르는 삶을 살 것을 요구하면서 "철학자처럼 살겠다는 각오가 없다면 다시 나를 찾지 말라"라고 단호히 말했다. 진짜 철학자와 '단지 철학을 공부하는 사람'을 정확히 구별하여 후자에는 전혀 관심을 보이지 않았던 것이다. 그에게는 전부 아니면 전무(全無)가 있었을 뿐이고, 중간지대는 없었다.

착각에서 깨어나라

이 말을 하는 이유는 스토아철학의 교훈들을 옹호하기 위한 것이 아니라, 영적으로 눈먼 이교도 중에서도 일부 그리스도인들보다 더 많은 빛을 받는 사람들이 있는 것 같다는 생각에서 하는 말이다. 이 세상의 자녀들이 종종 하나님의 자녀 중 어떤 이들보다 더 참된 지혜를 보여준다. 믿는다고 고백하는 수많은 그리스도인들이 에픽테토스가 경고하는 덫에 걸려들고 있다. 즉 '말'을 '행함'으로 오해하면서, 기독교의 교훈을 아는 것이 믿음 안에 있는 것이라는 착각에 빠져 있다.

"게으른 자여 개미에게 가서 그가 하는 것을 보고 지혜를 얻으라"(잠 6:6)라고 말씀하신 분은 우리가 겸손한 마음으로 옛 그리스의 철학자에게서 중요한 교훈을 배우는 것을 불쾌하게 여기지 않으실 것이다.

"당신은 정말로 그리스도인인가, 아니면 기독교를 공부하는 사람인가?"라는 다소 불손한 질문을 자신에게 가차 없이 던지는 것이 우리의 영적 주소를 확인하는 데 도움이 될 것이다. 이 질문에 대한 대답에 따라 많은 것이 달라지기 때문이다.

우리가 정직해져야 할 때가 있다면, 그것은 우리가 믿음 안에 있는지를 알기 위해 자신을 살필 때이다. 무수한 사람이 '죽음에 이르는 안개 낀 길'을 터벅터벅 걸어가고 있다. 모든 것을 꿰뚫어보시는 하나님의 눈앞에 자신을 세우지 않았기 때문이다. 그들은 아무런 문제가 없다고 믿어버리는 편을 택한다. 그런 선택이 언제나 위험한 것이고, 때로는 치명적인 것일 수도 있는데 말이다.

자기가 '주님'이라고 부르는 분의 교훈들에 순종하기 위해 겸손히 노력하지 않는 사람은 스스로를 그리스도인이라고 믿을 권리가 없다. 언젠가 그리스도께서는 만족스런 대답을 얻을 수 없는 질문을 하나 던지셨다. 그것은 "너희는 나를 불러 주여 주여 하면서도 어찌하여 내가 말하는 것을 행하지 아니하느냐"(눅 6:46)라는 질문이다.

바로 여기서 나는 일부 독자들의 머릿속에 떠오를 것 같은 반론 하나에 대해 언급하려고 한다. 그들은 아마도 이렇게 말할 것이다.

"우리가 구원받은 것은 그리스도의 계명들을 지켰기 때문이 아니라 그리스도를 영접했기 때문이다. 그분이 우리를 위해 율법을 지키시고, 우리를 위해 돌아가시고, 우리의 의를 위해 부활하셨으므로 우리가 계명들을 지킬 필요는 없다. 그러므로 순종과 전혀 관계없이 오로지 믿음으로 그리스도인이 되는 것이 가능하지 않은가?"

정직한 사람들 중 많은 이들이 이런 식의 주장을 펴지만, 그들이 정직하다고 해서 이런 주장이 진리가 되는 것은 아니다. 이런 주장이 지난 50년 동안 복음주의의 메시지를 약화시키고, 교회의 도덕적 수준을 끌어내렸다. 덕분에 이제 교회의 도덕적 수준과 세상의 그것은 거의 구별이 불가능한 지경에 이르렀다. 이런 주장은 은혜에 대한 오해 때문에, 또 복음에 대한 일면적(一面的)이고 협소한 해석 때문에 생겼다. 이런 주장이 사람들을 오류로 이끌 수 있는 힘을 갖는 이유는 이 주장에 담긴 진리의 요소 때문이다. 전제는 옳지만 그 전제에서 결론을 잘못 이끌어냈기 때문에 이런 주장이 나오는 것이다.

믿음과 순종은 동전의 양면으로, 성경에서 언제나 함께 발견된다. 믿음으로부터 순종을 분리하는 것은 동전의 앞면과 뒷면을 분리하는 것과 다를 바 없다. 동전의 양면이 서로 붙어서 하나가 되어 있을 때에만 정상적인 돈으로 간주된다. 이 두 면을 서로 분리하면 동전은 그 가치를 잃게 된다. 쓸모가 없어지는 것이다.

'믿음 – 순종의 동전'에서 한 면만을 존중하겠다고 고집하면서 기독교는 무서우리만큼 큰 피해를 입었다. 믿음이 전부가 되어버렸고, 순종은 아무것도 아닌 것이 되어버렸다. 그 결과 신앙인들은 도덕적으로 약해졌고, 영적으로 맹목이 되었으며, 천천히 그러나 지속적으로 신약의 기독교에서 멀어지고 있다.

영적 진리에 우리의 모든 것을 바칠 각오를 하기 전에는 그 진리를 알 수 없다고 우리의 주님이 아주 분명히 밝히셨다. 그분은 "사람이 하나님의 뜻을 행하려 하면 이 교훈이 하나님께로부터 왔는지 내가 스스로 말함인지 알리라"(요 7:17)라고 말씀하셨다. 의지와 행함(적어도 '행하겠다는 의지')이 먼저 있어야 그 다음에 앎이 따라온다. 진리는 엄격한 선생이기 때문에 자신의 풍성함을 우리에게 드러내기 전에 먼저 순종을 요구한다.

내 말을 뒷받침해 줄 성경구절을 알기 원하는 사람들을 위

해 몇 가지를 소개하면 다음과 같다:

나더러 주여 주여 하는 자마다 다 천국에 들어갈 것이 아니요 다만 하늘에 계신 내 아버지의 뜻대로 행하는 자라야 들어가리라 마 7:21

나의 계명을 지키는 자라야 나를 사랑하는 자니 나를 사랑하는 자는 내 아버지께 사랑을 받을 것이요 나도 그를 사랑하여 그에게 나를 나타내리라 요 14:21

그를 아노라 하고 그의 계명을 지키지 아니하는 자는 거짓말하는 자요 진리가 그 속에 있지 아니하되 요일 2:4

그의 계명을 지키는 자는 주 안에 거하고 주는 그의 안에 거하시나니 우리에게 주신 성령으로 말미암아 그가 우리 안에 거하시는 줄을 우리가 아느니라 요일 3:24

우리가 하나님을 사랑하고 그의 계명들을 지킬 때에 이로써 우리가 하나님의 자녀를 사랑하는 줄을 아느니라 요일 5:2

곧 하나님 아버지의 미리 아심을 따라 성령이 거룩하게 하심으로 순종함과 예수 그리스도의 피 뿌림을 얻기 위하여 택하심을 받은 자들에게 편지하노니 은혜와 평강이 너희에게 더욱 많을지어다 벧전 1:2

내 형제들아 만일 사람이 믿음이 있노라 하고 행함이 없으면 무슨 유익이 있으리요 그 믿음이 능히 자기를 구원하겠느냐 … 우리 조상 아브라함이 그 아들 이삭을 제단에 바칠 때에 행함으로 의롭다 하심을 받은 것이 아니냐 네가 보거니와 믿음이 그의 행함과 함께 일하고 행함으로 믿음이 온전하게 되었느니라 이에 성경에 이른 바 아브라함이 하나님을 믿으니 이것을 의로 여기셨다는 말씀이 이루어졌고 그는 하나님의 벗이라 칭함을 받았나니 이로 보건대 사람이 행함으로 의롭다 하심을 받고 믿음으로만은 아니니라 또 이와 같이 기생 라합이 사자들을 접대하여 다른 길로 나가게 할 때에 행함으로 의롭다 하심을 받은 것이 아니냐 영혼 없는 몸이 죽은 것같이 행함이 없는 믿음은 죽은 것이니라 약 2:14-26

그로 말미암아 우리가 은혜와 사도의 직분을 받아 그의 이름을 위하여 모든 이방인 중에서 믿어 순종하게 하나니 롬 1:5

우리는 이 일에 증인이요 하나님이 자기에게 순종하는 사람들에게 주신 성령도 그러하니라 하더라 행 5:32

물론, 이것 말고도 더 많다.

결론적으로 말하면, '자진해서 하는 순종'이 없다면 '구원을 주는 믿음'은 불가능하다. 순종 없는 믿음만을 갖겠다는 것은 그리스도인이 되겠다는 것이 아니라 단지 기독교를 공부하는 사람이 되겠다는 것이다.

chapter 17

누가
하나님의 일을
하는가?

결론부터 말하자면, 엄밀한 의미에서 볼 때 아무도 하나님의 일을 할 수 없다. 그분은 그분의 일을 다른 존재에게 넘겨주지 않으신다. 그분의 사람들 '안에서' 그들을 '통해' 일하시지만 어디까지나 '그분이' 일하시는 것이다.

예수님은 "내 아버지께서 이제까지 일하시니 나도 일한다"(요 5:17)라고 말씀하셨고, 바울은 "너희 안에서 행하시는 이는 하나님이시니 자기의 기쁘신 뜻을 위하여 너희에게 소원을 두고 행하게 하시나니"(빌 2:13)라고 말했다.

물론, 우리가 일해서는 안 된다는 것은 아니다. 크게 집중하지 않고 성경을 읽어도 하나님의 사람들이 일하는 것이 그분의 뜻이라는 것을 쉽게 알 수 있다. "여호와 하나님이 그 사람을 이끌어 에덴동산에 두어 그것을 경작하며 지키게 하시고"(창 2:15)라는 말씀에서 알 수 있듯이, 그분은 인간에게 일을 시키셨다. 우리 주님은 목수이셨고, '일하고 있는 사람들'을 택하여 첫 제자들로 삼으셨다. 구약의 잠언은 아무 생각 없이 게으름에 빠져 허송세월하는 게으름뱅이에게 "네 빈궁이 강도같이 오며 네 곤핍이 군사같이 이르리라"(잠 6:11)라고 통렬히 꾸짖는다.

우리를 통해 일하시는 하나님

성경의 어떤 구절들을 주의 깊게 읽지 않으면, 생산자가 다른 업체와 계약을 맺어 특정 물품의 생산을 하청 주듯이 하나님께서 그분의 일의 일부를 기독교 지도자들에게 위임하셨다는 느낌을 받게 된다.

이런 구절들 중 한 가지 예는 "그러므로 내 사랑하는 형제들아 견실하며 흔들리지 말고 항상 주의 일에 더욱 힘쓰는 자들이 되라 이는 너희 수고가 주 안에서 헛되지 않은 줄 앎이라"(고전 15:58)라는 말씀이다. 또 다른 예를 들자면, 바울은 디모데에 대해 "그도 나와 같이 주의 일을 힘쓰는 자임이라"(고전 16:10)라고 분명히 말한다.

그러나 이런 성경구절들은 그들이 '독립적으로' 하나님의 일을 했다고 말하는 것이 아니다. 그들은 순종하는 도구에 불과했으며, 하나님께서 그들 안에서 그들을 통해 그분의 일을 이루신 것이다.

이 점에 대해 오해할 것 같다면, 그는 다음과 같은 바울의 설명에 귀를 기울여야 할 것이다.

"이를 위하여 나도 내 속에서 능력으로 역사하시는 이의 역사를 따라 힘을 다하여 수고하노라"(골 1:29).

"내가 모든 사도보다 더 많이 수고하였으나 내가 한 것이 아니요 오직 나와 함께하신 하나님의 은혜로라"(고전 15:10).

하나님의 일을 하지만 하나님의 일을 하지 않는다? 모순되어 보이는 이런 설명이 혼란스럽게 느껴진다면, 갈라디아서 2장 20절에 나오는 바울의 유명한 증언도 역시 모순처럼 들린다는 것을 상기해보라.

"내가 그리스도와 함께 십자가에 못 박혔나니 그런즉 이제는 내가 사는 것이 아니요 오직 내 안에 그리스도께서 사시는 것이라"(갈 2:20).

이 모든 것에서 우리는 "우리가 하나님의 일을 할 수 없는 것은 우리가 그분의 삶을 살 수 없는 것과 같은 이치이다"라는 결론을 이끌어낼 수 있다. 그리스도께서는 믿고 복종하는 사람 안에서 그분의 생명을 다시 사시고 또 계속 사신다. 믿고 순종하는 사람 안에서 하나님은 사람들에게 도움의 손길을 내밀며 계속 일하실 것이고, 인간이라는 도구를 이용하여 그들 중에서 그분의 기이한 일을 이루실 것이다.

하나님 없는 일에는 상급이 없다

우리가 이 진리를 깨닫는 것은 지극히 중요하다. 오늘날 기독교 사역이 많이 이루어지고 있지만, 주님이 그 사역의 주인이 아니시기 때문에 우리는 저 큰 날에 인정도 못 받고 상도 못 받을 것이기 때문이다.

오늘날에는 뛰어난 인간적 재능들이 성령의 은사들로 오인(誤認)되면서, 이런 인간적 재능을 사용하는 사람들과 그들의 사역을 보고 있는 기독교 대중이 모두 속고 있다. 과거의 그 어느 때보다 더 많은 활동이 현재 교계에서 일어나고 있지만, 하나님의 함께하심은 과거의 그 어느 때보다 더 적고, 인간의 육신은 더 많이 나타나고 있다. 이런 사역은 올무가 된다. 우리를 계속 바쁘게 만들고, 우리의 일을 하나님의 일로 여기는 착각에서 벗어나지 못하게 하기 때문이다.

마이스터 에크하르트(1260-1327. 독일의 신비가)는 이렇게 말했다.

"피조물이 이룰 수 있는 것은 아무것도 없다. 오직 아버지께서 홀로 일하신다. 그러나 결국 인간이 하나님처럼 일하게 될 때가 찾아올 것이다. 그때가 되면, 인간과 아버지는 함께 그분의 일을 하게 될 것이다. 즉 인간은 그분과 하나가 된 것처럼 지혜롭게, 그리고 사랑 가운데 일할 것이며, 그로 인하여 우리가 그분과 연합하게 될 것이다. 하나님, 우리를 도와주소서. 아멘."

chapter 18

의미 없는
말은
무익하다

사람들의 그럴 듯한 말에 넘어가지 않으며 정직하고 솔직하고 온전히 투명한 그리스도인이 자신과 인류에게 성실한 사람들이다. 우리는 공상 속에서 살면 안 되며, 우리의 말은 언제나 사실을 그대로 전해야 한다. 그렇게 우리가 하는 신앙 이야기들은 마치 손에 잘 맞는 장갑처럼 철저히 사실에 부합하는 것이어야 한다.

이제까지 해가 거듭되는 동안 신앙인들이 모호하고 비현실적인 이야기를 하는 것을 많이 들은 나는 적지 않게 착잡했다. 물론 지금 나는 그들이 진실하지 않다고 비판하는 것이 아니다. 나는 대부분의 신앙인들이 진실하다고 믿는다. 나를 고민하게 만드는 부분은 현실성의 결여이다. 설상가상으로, 많은 이들이 비현실 속에 아주 깊이 빠져 있는 것이 문제를 더욱 심각하게 만든다.

교회 안의 말, 말, 말

인간이 관심을 쏟는 모든 영역들 중에서 가장 말에 치중하는 영역은 단연 종교이다. 종교가 아닌 다른 영역에서는 말이 그렇게 많지 않다. 말을 뒷받침해주는 행위가 가장 적은 분야도 역시 종교이다. 종교 집회에서, 특히 교회 집회에서 참석자들은 기분 좋게 풀어지기 때문에 예배가 끝날 때까지 비판적인 생각을 거의 하지 않게 된다.

보통 그리스도인들이 교회에 갈 때 그들은 교회에서 특정 단어나 표현들을 듣게 될 것이라고 예상하는데, 설교자들은 대개 그것들이 무엇인지를 알고 있다. 교인들은 그것들이 어떤 순서로 언급되는지에 대해서는 큰 관심이 없다. 그들의 입장에서는 설교자가 그것들을 열정적으로 말하면, 그만큼 더 좋을 뿐이다. 아무튼 그것들은 청중의 귀에 익숙하고, 귀에 거슬리지 않는 것이면 된다. 더 이상 요구할 것도, 기대할 것도 없다.

신앙인들은 진부하고 판에 박힌 표현들에 익숙해져 있다. 정형화(定型化)된 틀이 교파들마다 조금씩 다른 것은 사실이지만, 영리한 설교자라면 오늘 밤은 칼빈주의자에게, 내일은 아르미니우스주의자에게, 그 다음날은 오순절 교파에게, 그 다음날은 성결운동 교파에게, 그리고 그 다음에는 분리주의자들과 재림파에게 설교해 줄 수 있을 것이다. 서로 다른 교파에게 설교하면서도 그들을 모두 만족시킬 수 있는 것은 그들이 어떤 성격의 메시지를 듣기 원하는지 간파하여 그에 맞게 설교하는 임기응변을 발휘할 수 있기 때문이다.

정직한 설교자는 그렇게 하지 않겠지만, 영리한 설교자는 그렇게 할 것이다. 그가 그렇게 할 수 있는 것은 특정 어휘들을 주로 사용하여 설교할 수 있는 능력이 있기 때문이다. 그가 자기도 체험하지 못한 것을 말하고 청중도 그의 말을 이해하지 못하는 웃기는 상황이 벌어지고 있다는 것을 눈치 채는 사람은 없는 것 같다. 누구도 시비 걸지 않을 만큼 안전한, 신앙인들에게 친숙한, 그리고 마음을 안정시키는 신앙적 어휘들이 설교단에서 나지막한 음성을 타고 계속 쏟아져 나올 때 청중은 기분 좋은 행복감을 느낀다. 그 어휘들이 종교적 언어에 상응하는 실재(實在)가 없는 공허한 것임을 알아채는 사람은 없다.

증인은 보고 들은 것을 전한다

그리스도인은 무엇보다도 증인이 되어야 한다. 그리고 증인으로서, 개인적으로 체험한 것들을 말해야 한다. 성경의 대부분은 어떤 중요한 것들을 보고 듣고 보고한 사람들에 의해 쓰였다. "내가 보았다" 또는 "내가 들었다"라는 표현이 구약에 자주 등장하고, 신약은 말 그대로 생명과 체험으로 가득 차 있다. 다음과 같은 요한의 생생한 말이 좋은 예가 된다.

> 태초부터 있는 생명의 말씀에 관하여는 우리가 들은 바요 눈으로 본 바요 자세히 보고 우리의 손으로 만진 바라 이 생명이 나타내신 바 된지라 이 영원한 생명을 우리가 보았고 증언하여 너희에게 전하노니 이는 아버지와 함께 계시다가 우리에게 나타내신 바 된 이시니라 우리가 보고 들은 바를 너희에게도 전함은 너희로 우리와 사귐이 있게 하려 함이니 우리의 사귐은 아버지와 그의 아들 예수 그리스도와 더불어 누림이라
>
> 요일 1:1-3

우리가 시간을 거슬러 올라가 갈릴리에서 그리스도와 그분의 제자들과 함께 다시 걸을 수는 없지만, '바라는 것들의 실상'(히 11:1)을 믿음으로 체험할 수는 있다. '보이지 않는 것들의 증거'(히 11:1)를 모두 충분히 가질 수 있고, '내세의 능력'(히 6:5)을 맛볼 수 있으며, 진리를 알고 이해할 수 있다. 떠오르는 태양이 이 땅의 풍경을 모두 선명하게 드러내듯이, 하나님나라

의 지형(地形)을 분명히 드러내는 영적 조명(내적 증거)이 우리에게 주어질 수도 있다. 그렇게 되면, 모든 단어는 땅에 드리운 선명한 그림자 같은 역할을 할 것이다. 물론 이 그림자가 실재를 대신할 수는 없지만, 그래도 실재의 윤곽을 잘 그려줌으로써 실재를 확실히 드러낼 것이다.

무익한 말에는 심판이 따른다

'말'이라는 것은 그것을 사용하는 사람이 의미하는 어떤 실재를 가리킬 때에만 효력이 있다. 말은 그 말을 하는 사람이 염두에 둔 정의(定義)와 일치해야 한다. 그렇지 않을 경우, 그 말의 사전적 정의는 무의미하게 된다. 말은 특정한 때, 특정한 상황에서 실재적(實在的) 의미를 가져야 한다. 이런 관점에서 볼 때, 우리의 신앙적 이야기의 아주 많은 부분이 단지 입을 벌려 목소리를 내는 것에 지나지 않는다. 그 이상의 의미를 갖지 못한다.

이런 말을 하면 마음이 여린 일부 사람들에게 충격을 줄지도 모르겠지만, 그래도 나는 감히 여기서 몇몇 단어와 표현을 언급하지 않을 수 없다. 이것들은 수많은 복음주의적 그리스도인에게 더 이상 구체적 의미를 갖지 못하며, 실재와 아무 연관성 없이 단지 종교적 '소리'로 울려 퍼지고 있을 뿐이다. 이것들이 사전적 의미를 갖고 있는 것은 사실이고 선하고 거룩한 어휘이지만, 일반적인 기독교 집회에서 설교자의 입에서 나와 청중의 귀에 들릴 때에는 아무 의미를 갖지 못한다.

몇 가지 예를 들어보자: 승리, 마음과 생명, 하나님을 위해 전심으로, 하나님의 영광을 위해, 복을 받다, 확신, 믿음, 부흥, 성별(聖別), 하나님의 충만하심, 하나님의 은혜에 의해, 하나님을 위해 불타는, 거듭난, 성령 충만한, 할렐루야, 그리스도를 영접하다, 하나님의 뜻, 기쁨과 평안, 주님을 따르기.

물론, 이것들 외에도 수십 가지가 더 있다.

실재에서 유리(遊離)된 종교적 언어의 신전을 세운 우리는 머지않아 "사람이 무슨 무익한 말을 하든지 심판 날에 이에 대하여 심문을 받으리니"(마 12:36)라고 말씀하신 저 의롭고 온유하신 왕 앞에 서게 될 것이다.

"하나님, 우리에게 자비를 베풀어주소서!"

chapter 19

내 믿음의
척도

얼마 전, 뉴욕의 제임스타운에 사는 어떤 사람이 내게 편지를 보냈다. 그는 '종교적 지식의 세 단계'라는 제목의 내 사설에서 한 구절을 인용하면서 내게 해명을 요구했다. 그가 인용한 구절은 내 사설에서 지식의 세 번째 단계를 다룬 부분에서 취한 것으로, 다음과 같다.

이것은 직접적 영적 체험에 의해 얻어지는 지식이다. … 이것은 이성이 지적(知的) 데이터(자료)를 처리해서 얻는 것이 아니기 때문에 오류의 가능성이 없다.

이 편지를 보낸 사람은 이 말에 대해 다음과 같이 논평했다.

제가 볼 때, 이 말은 로마 가톨릭의 교황무오(敎皇無誤) 교리와 유사한 것 같습니다. 언제나 저는 오직 성경이 신앙과 생활을 위한 유일한 규범이라고 배웠습니다. 제가 이제까지 관찰한 바에 의하면, 거짓된 이단들 대부분이 개인의 체험에 근거하여 그들의 소위 '교리와 계시'를 만들었습니다. 제가 인용한 목사님의 사설에 대해 좀 더 자세히 설명해 주시면 감사하겠습니다. … '직접적 영적 체험'이라는 것이 어느 정도까지 믿을 수 있는 것인지를 밝혀주시기 바랍니다. 그러면 우리가 그리스도의 생애에서 드러나고 성경에 기록된 하나님의 계시의 말씀에서 벗어나는 위험을 피할 수 있을 것입니다.

이 문제는 좀 더 자세히 언급할 가치가 있는 것이므로 좀 더 깊이 논의해 보자.

그리스도인의 세 단계 지식

내 사설에서 나는 그리스도인들에게 세 가지 단계의 지식이 가능하다고 말했다. 첫 번째 단계의 지식은 정상적인 인간이라면 누구나 공유할 수 있는 지식이다. 즉, 오감(五感)을 통해 들어온 자료를 이성이 처리해서 생긴 정보이다. 이것은 자연적인 것들에 대한 모든 지식을 포함하는데, 태어난 지 한 시간 된 아기가 얻을 수 있는 최초의 단편적 정보로부터 인류 전체의 노력에 의해 습득된 과학적 지식에 이르기까지 모두 포함된다.

두 번째 단계는 믿음으로 받아들인 지식이다. 이것은 하나님의 계시를 신앙인이 증거 없이 받아들인 정보이다. 이것은 믿음으로 받아들인 것으로서, 본래 증명이 불가능한 것이다. 만일 증명이 가능하다면 방금 전에 언급한 첫 번째 단계의 지식에 속할 것이고, 따라서 믿음은 필요 없게 될 것이다.

세 번째 종류의 지식은 직접적 영적 체험에 의해 주어지는 것으로서, 앞의 두 개와는 근본적으로 다르다. 오감과 관계없으므로 물질적이거나 자연적인 정보가 아니다. 윤리나 교리와 관계없으므로 도덕적, 신학적 지식도 아니다. 물론 하나님께서는 '중간적 매개체 없는 직접적 체험'을 통해 교리를 가르쳐주시지 않고 모종의 매개체를 통해 가르쳐주신다. 성경은 도덕적, 종교적인 것들에 대한 모든 이성적 지식의 원천이다. 여기에 예외가 있다면, 시편 19편 1-4절과 로마서 1장 19-20절에서 언급되는 '자연에 의한 계시'이지만, 이것은 극히 드물고 불충분하다.

직접적인 영적 체험을 통해 얻을 수 있는 지식은 관념적인 것이 아니라 직관적인 것이다. 이것은 의식(意識)과 관계된 것으로서, 어떤 대상을 직접적으로 인식하는 것이다. 내가 사용하는 '인식'이나 '의식' 같은 단어가 어떤 의미로 사용되는지를 알려면, 일단 당신 자신에게 이런 질문들을 던져보라.

"나는 내가 존재한다는 것을 어떻게 아는가?"

"나는 내가 다른 사람이 아니라 나라는 것을 어떻게 아는가?"

"나는 내가 죽지 않고 살아 있다는 것을 어떻게 아는가?"

이런 질문들에 아마 당신은 "나는 이성이 전혀 끼어들지 않는 의식적 인식을 통해 이런 것들을 안다"라고 대답하게 될 것이다.

한 가지를 더 시도해 보자. 당신이 존재한다는 것을 당신 자신에게 증명해 보라. 이런 증명을 시도하는 동안 당신에게는 이런 깨달음이 찾아올 것이다.

'나의 존재를 증명하려고 애쓰다 보니, 그 증명을 시작도 하기 전에 나의 존재를 의식하지 않을 수 없구나!'

프랑스의 철학자 데카르트는 모든 지식의 뿌리에 도달하기 위해 기존의 모든 관념들을 배제했고, 더 이상 줄일 수 없는 지식의 궁극적 요소까지 파고들었다. 그 결과, 도저히 부정할 수 없는 한 가지 명제에 도달했다. 그것이 그 유명한 "나는 생각한다, 고로 존재한다"(Cogito, ergo sum)이다.

그러나 우리는 그의 이 명제가 인식의 최종적 단계까지 파고든 것이라고 생각해서는 안 된다. 그는 그렇게 하지 못했다. 사실 그는, 자기가 사고하고 있다는 사실을 알아채기 전에 이미 그의 존재를 직관적으로 의식하고 있었다. 그의 자기인식이 그의 사고보다 먼저 있었다. 단지 그는 이성이 이해할 수 있는 증거를 제시함으로써 그의 존재를 이성에게 증명했을 뿐이다. 여기서 이성이 이해할 수 있는 증거라는 것은 바로 "나는 생각한다, 고로 존재한다"라는 논리이다.

하나님을 직접 아는 지식이 필요하다

이런 것들이 직접적 영적 체험을 통해 얻을 수 있는 종교적 지식이 무엇인지를 보여주는 예(例)가 될 수는 있지만, 그것에 대한 설명이 될 수는 없다. 다르게 표현하면, 참된 신앙의 뿌리에 있는 것은 '내적 증거'라는 말이다. 내적 증거라는 것은 성령께서 주신 그리스도인의 새 영의 가장 깊은 핵심에 있는 '하나님과 그리스도에 대한 의식(意識)'이다.

이 체험은 성경을 믿고 성경에 순종할 때 생긴다. 이것은 성경 교리의 최종적 결과이지만, 성경 교리는 아니다. 이것은 '하나님 의식'이며, 너무 깊고 놀라운 것이라서 말로 표현할 수 없고 심지어 생각할 수도 없는 것이다.

내 말이 너무 극단적이거나 너무 신비적인 것으로 들리는가? 그렇다면, 과거에는 대부분의 개신교 교회들이 내적 증거라는 것을 인정하고 또 기대했다는 사실에 주목하라. 지금보다 더 복되고 더 거룩했던 시대에는 회심이 '살아 있는 영적 체험을 통해 하나님을 직접적으로 아는 것'으로 간주되었다. 회심은 성령의 능력 가운데 말씀이 전파될 때 일어났다.

당신이 주목해야 할 것이 하나 더 있다. 그것은 "토저 목사님이 지금 하고 있는 말이 무슨 뜻인지 알고 있습니다"라고 고백할 수 있는 사람들이 심지어 오늘날에도 있다는 것이다.

나는 내 주장을 뒷받침해 줄 수 있는 근거를 이미 지나가버린 과거에서만 찾지 않는다. 지금도 하나님은 내적 증거가 무엇인지를 아는 수많은 사람들을 이 땅에 두셨다.

chapter 20

열정과 신앙은
동의어가
아니다

만일 신앙인 100명을 무작위로 선택해서 "독실한 그리스도인이 보이는 중요한 특징들이 무엇이라고 생각하십니까?"라고 묻는다면, 그들 중 약 90퍼센트가 '열정'을 빼놓지 않고 언급할 가능성이 아주 높다. 이처럼 우리는 이 하나의 자질을 '내적 은혜를 보여주는 외적 증거'로 간주하며 아주 높게 평가한다.

그런데 내가 전에도 지적했듯이, 어떤 개념이 너무 유행하고 있으면 그것이 완전히 잘못된 것은 아닐지라도 적어도 의심스러운 것일 가능성이 꽤 높다. 무비판적으로 받아들여진 개념들은 사실 대개는 틀린 것이거나, 아니면 적어도 대중이 잘못 이해하고 있는 것이기 때문이다. 사람들이 진지함이나 부담감

없이 서로 주고받을 수 있는 정보와 지식들은 진리가 아니거나, 진리라 할지라도 모호한 것들이다. 내가 볼 때, 열정을 아주 중요한 증거라고 순진하게 믿는 것은 아무 근거 없는 믿음이다. 꼼꼼히 따져보면, 이런 믿음은 설 수 없게 된다.

웹스터사전은 '열정'을 '열중해서 무엇을 추구하는 것; 뜨거운 적극적인 관심; 열심; 열렬함'으로 정의한다. 그리스도인에게는 이런 것들이 당연히 있어야 하고, 훌륭한 그리스도인일수록 이런 것들을 더 많이 보여줄 것이다. 독실한 신앙인은 뜨거워야 하고, 또 뜨거울 것이다. 하나님의 일들을 적극적으로 추구할 것이고, 영적 생활을 열심히 가꾸어나갈 것이다. 그리스도를 향해 불타는 사랑과 뜨거운 헌신을 보여줄 것이다.

이렇게 말하면, 내가 열정을 경건의 확실한 표시로 여기는 대다수의 견해에 동의하는 것으로 보이는가? 하지만 단지 그렇게 보일 뿐이다. 나는 이런 견해에 동의하지 않는다. 바로 다음과 같은 이유들 때문이다.

열정은 관심사를 보여줄 뿐이다

참된 그리스도인이 열정적인 것은 맞지만, 문제는 열정이 있으면서도 그리스도인이 아닐 수 있다는 것이다. 어떤 사람이 열정을 보여준다는 것은 그가 건강하고 에너지가 넘치며 무엇에 적극적인 관심을 갖고 있다는 것을 말해 줄 뿐이다.

내 체험에 근거해 말하자면, 이 시대에 가장 열정적인 종교인은 여호와의 증인들이다(사실, '여호와의 증인들'이라는 표현은 잘못된 것이다). 만일 열정이 경건의 표시라면 오류에 빠진 이 헌신적인 사람들을 최고 등급의 성인(聖人)이라고 말해야 하겠지만, 이들을 깊이 아는 사람이라면 결코 그렇게 말하지 않을 것이다.

이들 다음으로 종교에 열정을 쏟아붓는 사람들을 말하라면, 저 비열하고 사악한 '신(god)' 즉 파더 디바인(약 1876-1965. 'M. J. 디바인 목사'라고도 불린 미국의 흑인으로 '국제평화선교' 운동을 시작했고, 자기가 신이라고 주장했다 - 역자주)에게 속아 "평화! 얼마나 좋은 것입니까!"라고 떠들고 다니는 자들을 들 수 있다. 이들은 열정으로 불타지만, 성경의 모든 페이지에서 정죄 당한다.

또한 이슬람 신자들은 가장 훌륭한 그리스도인들보다 더자주 기도하며, 세계의 어떤 지역들에서는 예수 그리스도의 추종자들보다 훨씬 더 빠른 속도로 개종자를 만들어내고 있다. 그리고 지난 세월 동안 세상을 아주 놀라게 할 정도로 열정을 보여준 자들이 누구인가? 의심할 바 없이, 파시스트와 나치와 공산주의자들이 아닌가?

먼지를 날리며 시끄러운 소리를 내지 않으면 좀이 쑤셔 못 견디는 사람들이 있기는 하다. 기질적으로 그들은 무엇엔가 미쳐야 오히려 편하다. 친구와 이웃이 자기의 편으로 넘어와 '세상을 구원할 확실한 투쟁'의 대열에 합류할 때까지는 그들을 그냥 내버려두지 못하는 성격을 가졌다. 이런 법의 폐지나 저런 법의 제정을 촉구하는 서명을 받기 위해 이 집 저 집을 부지런히 찾아다니는 사람들도 있다. 새들을 아주 사랑하게 된 귀엽고 마음 여리고 자그마한 한 여자가 몇 해 동안 우리 주 (州) 의원들이 모일 때마다 나타나 길거리의 모든 고양이에게 입마개를 씌우도록 하는 법안을 만들어 달라고 졸랐다. 그녀에게 시달리다 지쳐버린 의원들이 결국 그녀가 원하는 법안을 통과시켰을 정도로 그녀의 열정은 대단했다(이후 당시의 주지사가 그 법안에 거부권을 행사했다).

경건한 사람은 모두 열정적이지만, 열정적인 사람이 모두 경건한 것은 아니다. 거룩함과 열정을 모두 갖춘 사람이 시끄럽게 야단법석을 떠는 경우는 좀처럼 없다. "열심이 나를 삼키리라"(요 2:17)라는 말이 나올 정도로 우리 주님의 열정이 대단했던 것은 사실이지만, 이사야가 그분에 대해 "그는 외치지 아니하며 목소리를 높이지 아니하며 그 소리를 거리에 들리게 하지 아니하며 상한 갈대를 꺾지 아니하며 꺼져가는 등불을 끄지 아니하고"(사 42:2,3)라고 말한 것도 사실이다. 육지와 바다를 두루 다녀 개종자 하나를 얻지만 결국 그를 전보다 더 악한 사람으로 만들고 마는 열성적 전도자들은 주님에게 가차 없이 비판 받았다.

겸손해지는 열정

하나님께서 중요하게 여기시는 것은 열정의 양(量)이 아니라 열정의 질(質)이다. 중요한 질문은 '그리스도인이 얼마나 열정적인가' 하는 것이 아니라, '그가 왜 열정적인가' 그리고 '그의 열정이 어떤 결과를 낳는가' 하는 것이다.

우리 주님은 라오디게아 교회에게 "그러므로 네가 열심을 내라 회개하라"(계 3:19)라고 말씀하셨다. 회개와 원상회복과 삶의 교정으로 이끄는 열정은 하나님께서 귀하게 여기시는 것이다. 모세와 다니엘과 에스라 같은 사람에게는 다른 사람들을 위해 무릎 꿇고 중보기도를 하는 열정이 있었다. 그러나 이와는 다른 종류의 열정이 있는데, 그것은 조셉 스미스 주니어(1805-1844. 모르몬교와 말일성도운동의 창시자)와 메리 베이커 에디(1821-1910. 크리스천 사이언스의 창시자) 같은 이들이 세상에 보여준 기형적인 종교적 현상을 낳은 열정이다.

눈에 기름부음을 받은 사람은 오늘날 많은 그리스도인이 미지근한 상태에서 졸고 있다는 것을 부인하지 않을 것이다. 그렇지만 이들을 활동에 광분하도록 만드는 것은 이들을 고치는 방법이 아니다. 이것은 이들을 또 다른 잘못에 빠지게 하는 것에 지나지 않는다.

우리에게 필요한 것은 하나님을 향한 굶주림을 강하게 느끼고, 의에 목마르며, 그리스도를 닮아 거룩하게 되기를 간절히 바라는 것이다. 다른 이들을 사랑하고, 자기를 부인하며, 겸손해지는 열정이 우리에게 필요하다. 이런 것들 말고 다른 것들로는 문제 해결이 불가능하다.

하나님과 인간을 향한 순수한 사랑이 그분을 높이겠다는 불타는 소원으로, 또한 이 땅에서와 영원한 곳에서 인간이 행복할 수 있도록 온전히 헌신하는 모습으로 나타날 때 하나님은 기뻐하신다. 그러나 자기중심적이고 야심에 찬 종교 지도자들이 조바심 내며 다람쥐 쳇바퀴 돌듯이 활동에 몰두하는 것은 미지근한 신앙만큼이나 하나님께서 불쾌하게 여기시는 것이다. 이런 것이 무수히 많은 영혼에게 해를 끼쳤다는 사실이 장차 밝혀질 것이다.

chapter 21

하나님처럼
생각하기

영적인 일들에 대해 생각할 때 항상 따라다니는 위험은 하나님처럼 생각하지 않고 인간처럼 생각하게 될 가능성이다.

신학적 진리가 우리의 정신 안으로 들어올 때 그 진리는 '하나의 독립된 개체'나 '그 자체로서 완전한 하나의 체험'으로 들어오는 것이 아니다. 정신에 의한 신학적 진리의 이해는 정신이 그 진리에 반응하는 과정을 통해 이루어지고, 그 반응은 우리가 삶에서 이미 겪은 모든 것에 의해 영향을 받는다.

진리가 들어올 때 우리는 의식하든 의식하지 못하든 간에 항상 그 진리에 무엇을 보태거나 아니면 그것에서 무엇을 빼는데, 이것은 그 진리가 이미 우리 안의 있는 기존의 관념들과 조화를 이루도록 하기 위한 작업이다.

진리를 방해하는 선입견

이런 일이 어떻게 일어나는지를 좀 더 구체적으로 이해하기 위해 한 가지 예를 들어보자. 두 사람이 동일한 성경구절을 읽는다. 한 사람은 어려서부터 칼빈주의 신학의 토대 위에서 신앙생활을 해온 칼빈주의자이고, 다른 한 사람은 아르미니우스주의 전통에서 아르미니우스 교리를 충실히 배워온 사람이다. 이 두 사람이 읽은 구절은 "한 번 빛을 받고 하늘의 은사를 맛보고 성령에 참여한 바 되고 하나님의 선한 말씀과 내세의 능력을 맛보고도 타락한 자들은 다시 새롭게 하여 회개하게 할 수 없나니 이는 그들이 하나님의 아들을 다시 십자가에 못 박아 드러내 놓고 욕되게 함이라"(히 6:4-6)라는 말씀이다.

칼빈주의자가 이 구절에서 받은 인상은 아르미니우스주의자가 받은 인상과 근본적으로 다르겠지만, 두 사람 모두 자신이 이 구절에 무엇인가를 보태거나 혹은 무엇인가를 빼거나 어떤 식으로든 바꾸었다는 사실을 의식하지 못할 것이다. 두 사람 모두 자기들이 배운 대로 이 구절의 의미를 해석할 것이다. 이들은 "이 구절의 의미는 다른 해석을 도저히 용납할 수 없을 정도로 지극히 자연스럽고 논리적이고 분명하다"라고 말할 것이다(슬프게도, 두 사람은 상대방이 마귀에게서 배운 위선자라고 생각할 가능성이 높은데 아무튼 이것은 현재 이 글의 요지와는 관계없는 것이다).

우리가 새 진리를 받아들일 때, 옛 진리와 절반의 진리와 명백한 오류가 뒤죽박죽 섞여 있는 우리의 정신 속으로 새 진리를 받아들여야 하는 것이 우리의 현실이다. 이럴 때 우리는 그 새 진리가 우리의 마음 안에서 옳은 것으로 느껴지도록 그것을 기존의 관념들과 조화시키려고 하는데, 바로 이 사실 때문에 우리 주 예수 그리스도를 아는 지식과 은혜 안에서 성장하는 것이 아주 힘들어진다.

우리 중 어떤 이들의 경우, 하나님의 순전한 진리를 자유롭게 받아들일 수 있는 상태가 되도록 마음속의 장애물들을 제거하여 마음을 깨끗케 하는 것보다는 낙타가 바늘구멍을 통과한 후 별 탈 없이 길을 떠나는 것이 더 쉬울 것이다.

그러나, 우리에겐 은혜가 있다

사실을 노골적으로 말하는 것이 누군가를 낙심시킬 수도 있기 때문에 나는 우리 문제의 다른 면에 대해 언급하려고 한다.

틀림없이 하나님은 우리의 체질을 아시며, 우리가 먼지뿐임을 기억하신다(시 103:14). 그렇기에 자신의 연약함에 대해 너무 자기를 책망해서는 안 된다. 과거의 잘못된 관념들 중 일부를 바로잡아 하나님의 진리의 새 질서에 마음의 문을 열기 위해서는 주님의 사도도 하늘로부터 내려오는 환상을 보아야 했다(행 10:9-16). 모든 진리를 완전히 이해해야 구원 받고 하나님과 교제할 수 있다는 생각은 잘못된 것이다.

더욱이 하나님께서는 성령을 보내셔서 우리를 가르치게 하셨다(요 16:12-15). 우리가 어린아이처럼 겸손히 하나님께 나아가면 그분은 우리 안에서 그분의 아들을 나타내실 것이고, '지혜롭고 슬기 있는 자들'(마 11:25-27)이 모르는 영적 진리를 깨닫도록 은혜를 베푸실 것이다.

신학적 진리가 우리의 지성(知性)에 의해 처리되는 과정 속에서 수정되는 것이 사실이지만, 우리에게 모든 것에 대해 가르쳐 주는 기름부음이 있는 것도 사실이다(요일 2:27). 이 기름부음은 성령이 우리의 마음에 부어지는 것을 의미한다(롬 5:5).

우리가 우리의 이해력에 의지하지 않고 겸손히 행하며, 온전히 신뢰하고, 날마다 성경을 찾아보고, 하나님의 조명을 기대한다면 진리에서 심각하게 이탈할 위험성은 없다. 오히려 성령께서 우리의 지성을 통제하셔서 우리가 하나님처럼 생각하도록 도우실 것이다. 그렇게 되면 "우리가 그리스도의 마음을 가졌느니라"(고전 2:16)라는 말씀이 우리 안에서 성취될 것이다.

chapter **22**

신생新生은
신비이다

전에 나는 내적 증거의 필요성에 대해 말했고, 이것이 없으면 약하고 열의 없고 불쌍할 정도로 자신감 없는 연약한 그리스도인들이 생길 수밖에 없다고 지적했다.

어떤 독자가 내게 편지를 써서 "저는 목사님의 말에 전적으로 동의하며, 내적 증거를 체험하기를 간절히 원합니다. 하지만 어떻게 시작해야 할지 모르겠습니다"라는 취지로 말했다. 그리고 편지를 끝내면서 내게 "저를 비롯해서 여러 사람이 이 문제를 온전히 이해할 수 있도록 도움이 되는 글을 써 주시면 좋겠습니다"라고 덧붙였다.

그녀의 부탁을 들어주고 싶은 마음은 너무나 간절하지만,

나에겐 그럴 능력이 없다. 사실 우리는 하나님의 일들을 '손에 잡히는 특별한 공식(公式) 같은 것'으로 깔끔히 요약할 수 있다는 생각 때문에 많은 경우에서 영적으로 실패한다.

전도의 비법?

내가 볼 때, 일부 기독교 사역자들은 전도대상자를 결신에 이르게 하겠다는 열정이 지나친 나머지 넘지 말아야 할 선을 넘는다. 그들은 시종 밝은 미소와 부드러운 음성과 적절한 제스처를 구사하면서 성경구절을 일종의 미끼처럼 사용하여 믿음을 이끌어내려고 한다. 물론 그들의 의도는 선한 것이지만, 이 모든 방법은 강력한 암시로 작용하여 전도대상자에게 기대감을 불러일으키게 되고, 이런 과정 속에서 전도대상자는 사역자가 원하는 방향으로 자기의 생각을 몰아가게 된다.

그 다음에 이어지는 것은 일련의 질문들과 대답들인데, 질문들 속에는 사실상 대답들이 암시되어 있다. 그리고 사역자는 대개 "그러므로 만일 그분이 당신을 내쫓지 않으신다면 어떤 일을 하실까요?"라는 익숙한 질문으로 끝을 맺는다. 그의 이 질문에는 사실상 한 가지 대답 밖에 없다. 당황한 전도대상자는 바로 그에 대한 대답을 내놓는다!

"아, 그러면… 그분이 저를 받아들이시겠죠."

그 다음에는 "아멘!"이 연발하고, 여러 사람이 나와 그의 등을 두드려주며 악수를 청한다. 회심자가 하나 더 탄생한 것이다! 그러나 이런 회심자에게 내적 확신이 없는 것은 그리 놀랄 만한 일이 아니다.

사람의 마음속에서 일어나는 성령의 일하심은 제3자가 끼어들 수 없는 지극히 개인적인 관계 안에서 이루어진다. 속량의 거룩한 일은 인간이 알 수 없는 중에 이루어졌다. 세상의 죄가 그리스도의 거룩한 영혼 안으로 들어가고, 그분이 그 죄를 짊어지고 돌아가심으로써 "그의 영혼을 속건제물로"(사 53:10; 고후 5:21; 마 27:46) 드리셨을 때, 그 누구도 그 사건의 본질을 꿰뚫어보지 못했다.

우리 주님도 신생의 깊은 신비에 대해 분명히 말씀하셨다.

바람이 임의로 불매 네가 그 소리는 들어도 어디서 와서 어디로 가는지 알지 못하나니 성령으로 난 사람도 다 그러하니라 니고데모가 대답하여 이르되 어찌 그러한 일이 있을 수 있나이까 예수께서 그에게 대답하여 이르시되 너는 이스라엘의 선생으로서 이러한 것들을 알지 못하느냐 진실로 진실로 네게 이르노니 우리는 아는 것을 말하고 본 것을 증언하노라 그러나 너희가 우리의 증언을 받지 아니하는도다 내가 땅의 일을 말하여도 너희가 믿지 아니하거든 하물며 하늘의 일을 말하면 어

성경 본문을 인용하면서 전도대상자에게 접근하는 기독교 사역자가 자기의 뜻에 따라 성령의 이런 주권적 사역을 이끌어 낼 수 있다고 은근히 암시하는 것은 불경(不敬)에 가깝다. 이런 불경스러운 일이 시도되면 성령께서는 빛을 비추어주지 않으시고, 사역자와 전도대상자가 그들의 방법대로 하도록 그냥 내버려두신다. 지극히 안타깝게도, 우리 주변에서는 인간들이 시도한 이런 식의 '회심자 만들기'가 빚어낸 비극적 결과들이 널려 있다.

전도자의 안내는 문 앞까지만 가능하다

기독교 사역자가 할 수 있는 일이란 구원의 길을 찾는 자에게 "보라 세상 죄를 지고 가는 하나님의 어린양이로다"(요 1:29)라고 외치는 것뿐이다. 이것이 세례 요한이 한 모든 것이다. 그는 그의 말을 듣는 사람들의 마음 안에 믿음을 만들어 내려고 시도하지 않았다. 요한이 아주 잘 알았듯이, 오직 성령께서만 사람의 마음을 여실 수 있다. 우리가 할 일은 죄인의 관심을 이끌어 십자가의 메시지를 전하면서 "이 메시지를 받아들이고, 이 메시지가 요구하는 조건들을 충족시키십시오"라고 강하게 권하는 것이다. 그 이후의 모든 것은 구원의 길을 찾는 자의 몫이다. 그가 가르치는 자와 도와주는 자의 손을 떠나 하나님의 손안으로 들어가 그분과 관계를 맺어야 하기 때문이다.

하나님의 손안으로 들어가는 것을 두려워하기 때문에 우리는 구원의 공식(公式) 같은 것을 간절히 원한다. 구원의 비밀을 배우거나 복된 삶으로 들어가는 단계들을 알게 되면 우리는 자신의 미래를 좌지우지할 수 있고 하나님까지도 상당 부분 통제할 수 있다는 착각에 빠질 수 있다(물론 우리는 하나님까지 우리의 통제 아래 두려고 한다는 것을 인정하지 않으려 할 것이다). 구원의 공식 같은 것이 있다면 체면을 살리고 자신감을 유지하는 데 도움이 될지도 모르겠지만, 복음의 능력의 목소리는 죽고 영혼 안에서의 하나님의 일하심은 약화된다. 내적 증거를 알 수 있는 사람은 오직 '절망하는 사람'뿐이다.

결론적으로 말해서, 그 누구도 다른 사람을 하나님께 인도할 수 없다. 그가 할 수 있는 모든 것은 구원을 찾는 사람을 하나님나라의 문까지 인도한 후 거기서부터는 그가 가도록 강하게 권하는 것이다.

하나님께 돌아오는 사람과 하나님 사이에는 그 사람이 꿰뚫어볼 수 없는 '어두컴컴한 지대'가 있다. 그분은 아무도 가까이 갈 수 없는 빛 가운데 계신다. 인간은 걸어서도, 이성으로도, 신학적 지식으로도 그 빛을 뚫고 들어갈 수 없다.

이런 상황에서는 온전한 신뢰 가운데 하나님의 품 안으로 펄쩍 뛰어 들어가야 한다. 욥처럼 "비록 그분이 나를 죽이시지만 나는 그분을 신뢰할 것이라"(욥 13:15. 개역개정판 한글성경에는 이것이 "그가 나를 죽이시리니 내가 희망이 없노라"라고 번역되어 있다 – 역자 주)라고 외치거나, 뉴턴처럼 "오, 주여! 나는 당신을 온전히 신뢰합니다. 내가 지옥에 간다면, 당신의 말씀 위에 서서 내려갈 것입니다"라고 고백하면서 그분의 품 안으로 펄쩍 뛰어 들어가야 한다.

이런 철저한 절망이 내적 증거를 가능하게 하지만, 나는 그런 절망에 도달하는 법을 모른다. 내가 할 수 있는 모든 것은 회개하고 예수 그리스도를 믿으라고 강하게 권하는 것이다. 회개에 진정성이 있고 믿음이 정말로 있다면, 모든 인간적 확신은 무너질 것이고, 겸손한 영혼은 홀로 믿음의 도약을 하지 않을 수 없을 것이다.

여기서부터 어떻게 앞으로 나아가야 할지를 알지 못하는 독자가 있다면, 그는 아직도 회개하지 않는 사람일 가능성이 매우 높다. 평강이 없는데도 "평강하다 평강하다"(렘 6:14)라고 말하면서 이런저런 성경 본문을 그 근거로 제시하는 '성경구절 처방사'에게서 값싼 위로를 얻으려는 시도는 이런 사람에게 독이 될 뿐이다.

이런 사람에게 정말로 필요한 것은 홀로 하나님을 만나기 위해 성경을 들고 조용한 장소를 찾아가는 것이다. 만일 그를 위한 희망이 남아있다면, 바로 그런 곳에서 그 희망을 발견하게 될 것이다. 다른 곳에서는 결코 발견하지 못한다.

chapter 23

신앙적
확신을
놓치지 마라

성경 전체에서, 특히 신약에서 가르치는 교훈 중 하나는 그리스도인의 삶이 '앞으로 나아가는 진행 과정' 중에 있다는 것이다. 즉, 그리스도인의 삶이란 속량 받은 영혼이 하나님을 향해 가는 여행이다. 또 다른 교훈은 사탄이 가능한 모든 방법을 동원하여 이 진행 과정의 매 단계에서 저항하고 이 여행을 방해하기 위해 버티고 서 있다는 것이다.

어떤 순간에도 전진하라

교활하고 강력한 사탄의 저항에 굴하지 않고 전진하기 위해서는 믿음과 흔들림 없는 용기가 필요하다. 신약의 서신들은 이것을 가리켜 '확신'이라고 부른다.

빌립보서에서 바울은 모든 장애물을 헤치며 앞으로 나아가겠다는 굳은 결의를 천명하면서, "내가 내 앞에 놓인 목표에 아직 도달하지 못했고 아직 완전하지도 못하지만, 그리스도를 내 모든 것으로 삼기 위해 내 과거를 시간적으로뿐만 아니라 심리적으로도 내 뒤에 둔다"라는 취지로 말한다. 그리고 "푯대를 향하여 그리스도 예수 안에서 하나님이 위에서 부르신 부름의 상을 위하여 달려가노라"(빌 3:14)라고 선언한다. 그런 다음, 아무 거리낌 없이 이 선언과 모순되어 보이는 말을 한다: "그러므로 누구든지 우리 온전히 이룬 자들은 이렇게 생각할지니"(빌 3:15).

히브리서는 그리스도인의 삶이 끈질긴 인내의 삶이 되어야 한다고 강조한다. 회심하여 기독교로 들어온 사람들이 낙심하고 있었기 때문에 하나님의 사람은 그들이 "시작할 때에 확신한 것을 끝까지 견고히"(히 3:14) 잡도록 격려하기 위해 애쓰면서, "그러므로 너희 담대함을 버리지 말라 이것이 큰 상을 얻게 하느니라"(히 10:35)라고 권면한다.

두 가지 오류

그리스도인의 삶이 마땅히 가야 할 여행길이며 힘써 가꾸어나가야 할 성장 과정이라고 보는 개념을 우리가 잃어버린 것은 널리 퍼져 있는 두 가지 현대적 오류 때문이다.

첫 번째는 자유주의자들의 오류이다. 이들은 새롭게 되지 못한 죄인에게 그리스도인의 삶을 살라고 자신감 있게 권하지만, 그에게 애당초 그리스도인의 생명이 없다는 중대한 사실을 간과한다. 생명이 없는데 어떻게 성장과 발전이 가능하겠는가? 하나님의 구원 행동이 어떤 사람의 영혼 안에서 일어나지 않는데도 일어났다고 추정하는 것은 그를 치명적 위험에 빠뜨리는 일이며, 그의 궁극적 멸망을 거의 보장하는 일이다.

두 번째 오류는 일부 복음주의자들에게서 발견된다. 이것은 영적 생명이 없는 사람에게 그것이 있다고 착각하는 자유주의자들의 잘못과 정반대되는 것으로, 영적 생명이 있는 사람에게 그것이 없다고 추정하는 잘못이다. 이런 오류에 빠진 복음주의자들은 어떤 사람이 기독교의 미덕들을 전부 나타내 보이지 않으면 그에게는 그런 것들이 하나도 없다고 단정 짓는다.

비유를 들어 말하자면, 이들은 모든 아기가 성인(成人)으로 출생해야 하고 모든 순례자가 출발과 동시에 목적지에 도달해야 한다고 믿는 것이다. 이렇게 믿는 복음주의자들은 모든 그리스도인의 확신을 흔들어버리고 그들의 믿음을 깨부수면 부흥이 일어날 것이라는 '이판사판식의 소망'을 갖고 있는 것 같다. 이런 사람들은 이렇게 말한다.

"아무도 마땅히 있어야 할 곳에 있지 않다. 사람들이 그곳에 도달할 수 있는 유일한 방법은 '나는 이제까지 내 자신에 대해 착각에 빠져 있다가 바로 지금 비로소 참 빛을 보았습니다'라고 인정하는 것이다."

언젠가 나는 우리 교회의 교인들에 대해 조금 밖에 모르고 그들의 개인적 생활을 평가할 만한 수단도 없는 외부 강사가 그들을 꾸짖고 깎아내리며 책망하는 것을 들었다. 그때 내 머리에 몇 가지 질문이 떠올랐는데, 아직까지 그에 대한 대답을 얻지 못하고 있다. 지금 논하고 있는 문제와 직접적 관련이 있는 질문들이기에 아래에 열거해 본다. 혹시라도 답을 아는 독자들이 있다면 나를 위해 대답해 주면 좋겠다.

1. 왜 일부 설교자들은 그리스도인의 길을 가려는 우리가 아직 출발도 하지 않았다는 것을 증명해 보이는 것이 우리를 돕는 방법이라고 착각하는가?

2. 진리를 깨우쳐 주겠다는 그들이 자기들 외에는 아무도 진리를 모른다고 추정하거나 수장하는 것이 과연 합당한가?

3. 우리가 더욱 기도하도록 자극하겠다는 그들이 우리가 전혀 기도하지 않는다고 함부로 단정하는 것이 과연 옳은가?

4. 우리를 회개로 이끌겠다는 그들이 "여러분은 오늘 교회로

출발하기 직전에 집에서 대판 싸우지 않았습니까?"라는 식으로 넘겨짚어 말하는 것이 과연 온당한가?

5. 청중이 죄를 깨닫도록 하겠다는 그들이 잘난 체하는 오만한 태도를 보이며 청중에게 "여러분은 무서운 죄를 깊이 숨기고 있는 것 같군요"라고 교묘히 암시하는 말을 하는 것이 과연 옳은가?

6. 왜 그들은 청중을 무시하는 것으로 해석될 수 있는 비교로 청중에게 불쾌감을 주는가? 예를 들면, 그들은 "원한다면 더 깊은 삶을 얼마든지 강조하십시오. 하지만 나는 해외선교가 중요하다고 믿습니다", 또는 "여러분은 온 땅을 두루 다니며 해외선교로 바쁜 나날을 보낼지 모르겠지만, 나는 사랑이 하나님을 기쁘게 해드리는 유일한 방법이라고 믿습니다"라고 말한다. 이것은 정직하지 못하고, 혼란을 일으키며, 마음 여린 성도들을 흔들어놓아 제단으로 오게 만든다. 나는 그들이 무슨 목적에서 이런 말을 하는지 궁금하다.

믿음 위에 선 자들의 고백

참된 신자가 하나님의 맹세와 언약 위에 굳게 서서 흔들리지 말아야 할 때가 찾아온다. 그럴 때 그는 교만이 아니라 믿음과 깊은 겸손 가운데 단호히 자기의 복된 믿음을 천명해야 한다. 믿음 위에 굳게 서 있는 사람은 아마도 다음과 같이 선언하게 될 것이다.

"내가 아직 완전하지 못해도 하나님과 내 주 예수 그리스도에게 감사하는 것은, 내 과거에서 벗어나 내 모든 죄로부터의 구원을 위해 내 구주를 신뢰하기 때문입니다."

"내가 다니엘처럼 기도할 수는 없지만, 하나님께서 내게 귀를 기울이시는 것을 쉬지 않고 찬양할 것입니다."

"내가 솔로몬만큼 지혜롭지는 않지만, '내가 믿는 자를 내가 알고 또한 내가 의탁한 것을 그날까지 그가 능히 지키실 줄을 확신함이라'(딤후 1:12)라고 고백할 수 있는 것이 자랑스럽습니다."

"모세나 이사야, 요한 같은 재능들은 없어도 영원히 감사하지 않을 수 없는 것은, 이런 사람들을 이해하고 그들의 귀중함을 알아볼 수 있는 도덕적 깨달음을 얻었기 때문입니다."

"내가 원하는 그런 존재가 되어 있지 못함에도 하나님께 감사하는 것은, 현재보다 나은 존재가 되기를 갈망하기 때문입니다. 나는 내 안에서 착한 일을 시작하신 이가 그리스도 예수의 날까지 이루실 줄을 확신합니다."

"내가 여기 서 있습니다. 다른 선택은 없습니다. 하나님, 나를 도와주십시오!"

chapter 24

나를 성장시키는
좋은 친구,
책

어떤 책에 대해 "그 책은 단숨에 읽어버릴 만큼 재미있었다"
라고 말하는 것은 달갑지 않은 칭찬이다. 단숨에 읽어버릴 수
있는 책이 우리에게 큰 도움을 줄 가능성은 아주 낮기 때문이
다. 가장 좋은 책은 우리를 '사색의 열차'에 태워 그 책 너머로
아주 멀리 보내주는 책이다. 때로는 한 문단이나 한 문장이 우
리를 이 열차에 태울 수 있는데, 일단 이 열차에 올라타면 책을
덮고 하나님과 자연과 우리의 마음이 우리를 가르치도록 하는
지혜를 발휘해야 한다.

저명한 학자인 사무엘 존슨 박사가 왕을 알현하여 함께 난
롯가에 앉게 되었다. 잠시 서로 말이 없다가 왕이 "존슨 박사

께서는 독서를 아주 많이 하시지요?"라고 묻자 박사는 "그렇습니다, 폐하. 하지만 사색을 훨씬 더 많이 합니다"라고 대답했다.

잉글랜드의 한 시인(나는 이 시인이 콜리지라고 믿는다)이 자신의 공부 습관에 대해 어떤 퀘이커 여신도에게 자랑하며 "나는 아침에 일어나자마자 공부를 시작합니다. 옷을 입으며 시를 외우고, 면도를 하면서 그리스어 단어를 암기합니다. 이런 식으로 잘 때까지 쉬지 않고 공부하지요"라고 말했다. 그러나 그 여자는 감동을 받는 것이 아니라 오히려 비난하듯이 "친구여, 그러면 사색은 언제 합니까?"라고 물었단다.

가짜 배움에 주의하라

기술적 정보는 어쩔 수 없이 다른 이들을 통해 받아들이지 않으면 안 될 것이다. 하지만 이런 경우가 아니라면, 책을 통해 배울 수 있는 것보다 훨씬 더 많은 것을 자신의 사색을 통해 배울 수 있다. 아무리 좋은 책이라 할지라도 펌프에 마중물을 붓는 역할 밖에는 못한다. 마중물을 부은 다음에는 펌프질을 계속 해야 한다. 물론, 펌프질을 계속 하면 언제까지라도 물이 끝없이 솟아나온다.

다른 조건들이 똑같다고 전제할 때, 그리스도인들 특히 복음의 일꾼들은 폭넓은 지식을 갖추는 것이 바람직하다. 신앙에 대한 가르침을 얻기 위해 어떤 선생의 말씀을 들으러갔지만 3분도 못 되어 "아, 저 선생과 우리의 자리가 바뀌었구나. 우리가 가르치고 저 사람이 배우는 것이 맞다"라는 생각이 든다면 정말 한숨이 나올 것이다.

선생이라는 사람이 겸손한 사람이고, 하나님과 사람들을 사랑하고, 그의 적은 지식의 범위 안에서라도 성실히 가르친다면 그는 양 떼의 영적 필요를 채워주는 일에 성공한 것이다. 하지만 무식한 선생이 교만하기까지 하다면 나는 하나님께서 그의 청중을 도우시기를 바란다. 그가 무식을 자랑하고 배움을 경멸한다면, 가장 가까운 출구가 어디에 있는지 내게 알려 달라. 그런 사람에게 배우느니 차라리 잔디에서 웃고 있는 어린아이나 머리 위로 지나가는 구름에게서 배우는 것이 더 낫다!

차라리 밖에 나가 신선한 공기를 마시도록 나를 내모는 또 다른 유형의 강사는 주체하지 못할 정도로 많이 알고는 있지만 강의보다 자기자랑에 더 치중하는 강사이다. 이런 강사는 청중과 거리를 두는 듯한 표정으로 청중을 쳐다본다. 그리고 그들의 관심 밖에 있는, 그들의 이해력을 초월하는 주제에 대해 말한다. 그가 사용하는 어휘는 거의 전부 학술용어이다. 그러면서 (만일 청중이 졸지 않고 여전히 그의 말을 듣고 있다면) 청중에게 "여러분은 수직적으로 살지 말고 수평적으로 살아야 합니다" 또는 반대로 "여러분은 수평적으로 살지 말고 수직적으로 살아야 합니다"라고 권할 것이다. 그는 사람들이 쉽게 이해할 수 있는 시원시원한 구어체 표현을 애써 피하고, 대신 알아듣기 힘든 부자연스런 전문용어를 사용할 것이다. 결국 대다수의 청중은 자기들이 산스크리트어로 설교를 듣고 있다고 느낄 것이다. 이런 결과를 낳는 배움은 '가짜 배움'이며, 추천할 만한 것이 전혀 못 된다.

나를 사색으로 이끄는 책이 좋다

감동을 주지 못하고 단지 정보만 제공하는 책이 과학자나 변호사나 내과의사에게는 필수적일지 몰라도, 목사에게는 충분치 못하다. 배움이라는 것이 사물에 대한 지식을 쌓는 것으로 끝나는 것이라면, 백과사전만 있어도 성공적인 목회를 할 수 있을 것이다. 하지만 성공적인 그리스도인은 하나님과 자기 자신과 인간을 알아야 하는데, 이런 지식은 자료를 모은다고 얻어지는 것이 아니라 이해심 있는 접촉, 직관, 묵상, 침묵, 영감, 기도 그리고 긴 교감에 의해 얻어진다.

그러므로 내가 권하는 독서는 기분 전환을 위한 독서나 단지 정보 습득을 위한 독서가 아니라 위대한 지성들과의 교감을 위한 독서이다. 우리의 마음을 햇빛 비치는 곳으로 이끌고 나가 위를 보라고 손짓한 다음에 퇴장하는 책이 언제나 가장 좋은 책이다.

'내가 나 자신을 가르치는 법'을 내게 가르쳐주는 저자는, 밥숟가락으로 떠먹여주며 계속 자기를 의지하도록 만드는 저자보다 내게 더 큰 도움을 줄 것이다. 가르치는 자가 해줄 수 있는 최고의 봉사는 결국 자신을 필요 없는 존재로 만드는 것이다. 내 사고가 날아오를 수 있도록 발판이 되어 주는 책이 제일 좋은 책이다. 설교단까지 나를 따라와 내 설교에 자꾸 끼어드는 책은 나의 적이며, 결국은 내 청중의 적이다. 내 사고를 해방시켜 영감에 찬 나만의 사색으로 이끌어주는 책이 내 친구이다.

chapter 25

좋은 책,
해로운 책

지식을 얻으려는 젊은이는 어떤 책이든 하루에 다섯 시간은 읽어야 한다고 사무엘 존슨 박사가 말했다. 이것은 존슨 박사의 말을 정확히 인용한 것은 아니지만, 그의 핵심을 잘 담고 있는 말이다.

당시의 역사적 및 문학적 배경을 고려할 때, 그의 말은 지혜로운 조언이었을 것이라고 추정된다. 하지만 이 위대한 학자가 현대의 인쇄기에서 매일 쏟아져 나오는 인쇄물의 홍수를 미리 내다보았다면, 이 유명한 조언에 많은 단서를 달았을 것이다.

건강하려면 좋은 음식을 먹어라

"무엇이든지 읽어라"라는 말은 20세기 미국에서는 매우 위험한 조언이 아닐 수 없다. 식탁에 차려진 모든 음식이 건강에 좋은 것이라면, "무엇이든 드세요"라는 말은 손님을 위한 안전한 조언이 될 것이다. 하지만 일부의 음식에는 영양이 없고 일부에는 심지어 독성이 있다면, 이 조언을 따르는 사람이 죽을 수도 있다. 배 속에 집어넣는 음식을 선택할 때 조심해야 한다면, 머리에 집어넣는 지식의 선택에도 극도로 조심해야 하는 것은 두말할 필요가 없다. 인간의 몸이 위(胃)를 통해 파괴될 수 있듯이 인간의 영혼이 생각을 통해 파괴될 수 있다는 것을 기억하라.

"그리스도인들은 세상으로부터 어쩔 수 없이 들려오는 말에 귀를 막고 지적(知的) 공백 상태에서 살아야 한다"라고 말하는 사람들의 주장에 나는 결코 동의한 적이 없다. 온실 안에서 보호받는 신앙은 신앙이 아니다. 만일 내가 온갖 비판의 소리에 귀를 막는 방법을 통해서만 내 믿음을 지킬 수 있다면, 그것은 내 건강에 자신이 없다고 고백하는 꼴이 될 것이다. 하나님을 만나는 구원의 체험을 한 영혼은 의심에 빠질 수 없고, 오히려 시편 기자처럼 기쁨으로 이렇게 외칠 것이다.

"내가 나의 목소리로 여호와께 부르짖으니 그의 성산에서 응답하시는도다 (셀라) 내가 누워 자고 깨었으니 여호와께서 나를 붙드심이로다 천만인이 나를 에워싸 진 친다 하여도 나는 두려워하지 아니하리이다"(시 3:4-6).

이런 사람은 고전문학, 비교종교학, 철학, 심리학 또는 과학을 막기 위한 방패를 들 필요가 없다. 성령께서 그의 의식의 깊은 곳에서 그리스도를 증거하시기 때문이다. 비록 그의 이성(理性)이 아직은 그의 마음을 다 설명해 주지 못하겠지만, 그의 마음은 진리를 안다.

어떤 책이 좋은 책인가

아주 젊은 목사였을 때 나는 성결운동을 하는 유명한 설교자 조셉 H. 스미스에게 "목사님은 제게 종교서적이 아닌 세상의 책들을 폭넓게 읽도록 권하시겠습니까?"라고 물었다. 그가 "젊은이, 벌은 꽃에서뿐만 아니라 잡초에서도 꿀을 모읍니다"라고 대답했을 때 나는 그의 조언을 받아들였고, 그렇게 한 것을 지금도 후회하지 않는다(사실 솔직히 말하면, 그때 나는 그의 조언을 구했다기보다는 내 본능적 판단에 그도 동의하는지를 확인하고 싶었다).

존 웨슬리는 웨슬리협회의 젊은 목사들에게 책을 읽지 않으려면 목회를 그만두라고 말했고, 그 자신도 이런저런 일을 처리하러 돌아다닐 때 안장 머리에 책을 기대놓고 과학과 역사를 읽었다.

꽤 유명한 인디언 설교자 앤디 돌보우(Andy Dolbow)는 교육을 거의 받지 못한 사람이었다. 하지만 언젠가 나는 그가 청중에게 하나님의 영광을 위해 그들의 지성을 갈고 닦으라고 권면하면서 다음과 같이 말하는 것을 들었다.

"여러분이 나무를 쪼갠다고 가정해 봅시다. 도끼날이 무디면 나무를 쪼개는 데 그만큼 더 힘들지 않습니까? 날이 예리하면 일은 더 쉬워지는 법이니 최선을 다해 날을 예리하게 만드십시오."

그런데 이 시점에서 나는 내 독자들이 마음속으로 '앞의 문단들에서 토저 목사가 모순된 말을 하고 있는 것이 분명하다'라고 생각하기를 바란다. 그렇게 생각한다는 것은 독자들이 이제까지 정신을 똑바로 차리고 내 글을 읽었다는 것을 의미하기 때문이다. 정신 똑바로 차리고 내 글을 읽어준 것은 고맙다. 하지만 결론부터 말하자면, 내 말에는 모순이 없다. 앞의 문단들에서 한편으로 나는 해로운 책들에 대해 경고한 것이고, 또 한편으로는 다음과 같은 취지로 말한 것이다.

"신자들을 비기독교적 사상의 영향에서 보호하고 기독교를 변호해야 한다고 생각하는 일부 소심한 그리스도인들은 '표준적인 복음주의 목초지'를 설정해 놓고 우리가 그 안에서만 꼴을 먹어야 안전하다고 주장하지만, 나는 그 목초지에서 멀리 떨어진 들판에서 책을 읽어도 아무 해가 없다고 주장한다."

어떤 책이 해로운 책인가

내 설명을 더 들어보라. 고전문학, 시, 역사, 정치학 그리고 여타의 모든 인문학 책처럼 지적 수준이 높은 책은 해로운 책이 아니다. 종교 소설이든 세속 소설이든 모든 싸구려 소설, 아주 많은 종교 잡지에서 볼 수 있는 얄팍한 종교적 '촙 수이'(고기와 야채를 한 데 볶은 미국식 중국요리 – 역자주), 그리고 성도들을 재미있게 해주겠다는 의도에서 생겨난 무수한 종교적 잡담을 담은 책이 해로운 책이다. 자만(自慢)에 빠진 종교적 모험담도 해롭다. 이런 모험담을 쓰는 형제들은 발이 한 곳에 머물지 않는 사람들로서, 나무 한 그루를 심거나 초석 하나를 놓을 수 있을 만큼도 한 곳에 머물지 않고, 아무 책임도 지지 않으며, 오히려 집에 돌아오면 언제나 귀에 솔깃한 거짓 변명을 꾸며내느라 바쁘다.

해로운 책의 예를 또 들라면, 요약판으로 만들어놓은 종교 서적을 들 수 있다. 이런 것은 최소한의 노력으로 최단 시간에 섭취할 수 있도록 미리 요리를 해서 먹기 좋게 해놓은 것이다.

이런 책들은 영혼의 양식이 되지 못한다. 더욱이 이런 것들을 계속 읽는 독자는 저자에 기생(寄生)하는 심리를 갖게 되고, 공허한 이야기에 병적으로 탐닉하게 되며, 진지한 종교서적을 싫어하게 될 뿐만 아니라 전혀 읽지 못하게 될 것이다.

나는 방금 위험스런 책들을 언급하면서 저속하거나 음란한 책들은 일부러 뺐다. 이런 썩은 책들로 자기의 영혼을 더럽히려는 그리스도인은 없을 것이라고 믿기 때문이다. 지금 내 글을 읽는 독자라면 이런 책들에 대한 경고를 들을 필요조차 없을 것이라고 나는 확신한다.

chapter 26

책을
잘 읽는
방법들

책은 사색의 원재료를 담고 있는 저수지와 같다. 다르게 표현하면, 어떤 한 사람의 머리에서 다른 사람의 머리로 사상을 전달하는 통로와 같다. 따라서 책은 그 자체가 목적이 아니라 수단일 뿐이다. 책 자체는 몇 그램의 종이와 헝겊과 잉크로서, 몇 푼의 돈으로 어디에서나 살 수 있는 것이다.

수단과 목적을 혼동하지 말라

우리는 이것을 반드시 알아야 한다. 일부 사람들이 수단을 목적으로 착각하고, 심리적 연상(聯想)을 통해 책에게 거의 마술적 능력을 부여하기 때문이다. 어떤 이들은 책을 소유한다는 사실 자체만으로도 모종의 지적 우월성이 생긴다고 믿어서 강박적으로 책을 구매한다. 또 어떤 이들은 책을 읽는다는 사실 자체만으로도 그들이 지적으로 향상된다고 믿는 것 같다. 그들의 눈길이 책의 지면을 스쳐갈 때 책의 신비로운 보화가 그들의 머릿속으로 들어가기라도 하는 것처럼 말이다. 나는 어떤 사람들이 일종의 미신적 존경심을 품고 책을 쓰다듬고 어루만지는 것을 보았는데, 그런 손의 접촉에 의해 책의 좋은 내용이 자기들에게 옮겨진다고 믿기 때문에 그러는 것이 아닌가 하는 생각이 들 정도이다.

자기의 책들을 내려다보며 흡족해 하는 장서가(藏書家)는 돈을 숨겨두기 전에 창문의 블라인드를 치고 돈을 거듭 세어보는 수전노보다 지적으로 나을 것이 없다. 책과 돈은 단지 쌓아놓기만 하면 아무 짝에도 쓸모가 없다는 면에서 서로 닮았다. 책과 돈은 각자의 목적이 있는데, 그 목적의 달성을 위해 사용될 때에만 비로소 가치가 있다.

그리스의 도덕철학자 에픽테토스는 수단과 목적을 전혀 혼동하지 않았고, 그의 청중에게 이 둘을 혼동하지 말라고 계속 경고했다. 삶 속에서 구체적 열매가 나타나야 한다고 믿었던 이 지혜로운 고대 스토아학파 철학자는 그의 학생들이 책을 많이 읽었다는 사실에는 감동하지 않았고, 오히려 이렇게 말했다.

"책을 그렇게 많이 읽었다면 너희가 지적으로 발전했다는 것을 내게 보여라. 내가 레슬링 선수에게 '네 근육을 보여 다오'라고 말했는데 그가 '내 아령을 보십시오'라고 대답한다면, 나는 '내 관심은 네 아령에 있지 않고 그 아령으로 얻은 결과에 있다'라고 대답할 것이다."

나에게 적합한 독서법이 있다

그러므로 이제 우리의 질문은 자연스럽게 "오늘날 그토록 찬사를 받는 강화된 속독법이 정말 도움이 되는가?"라는 질문으로 바뀌게 된다. 뒤집어 말하면, "천천히 읽는 습관은 정말 손해 보는 것인가?"라고 묻게 된다.

속독법 옹호자들은 시어도어 루스벨트(1858-1919. 미국의 제26대 대통령) 같은 사람들에 대해 말하기를 좋아한다. 들리는 바에 의하면, 루스벨트는 책의 페이지를 한 번 쭉 훑어보면 거의 힘들이지 않고 내용을 파악했다고 한다. 그러나 이런 사람은 너무 희귀해서 우리 같은 사람들이 따라갈 수가 없다. 이런 사람이 나올 확률은 선천성 색소 결핍증에 걸린 까마귀가 나올 확률과 거의 같다.

우리의 머리에 정보를 잔뜩 채우는 것만이 우리의 목표라면

빨리 읽는 능력이 우리에게 엄청난 유익을 줄 것이다. 하지만 우리가 책에서 단지 정보만을 얻는 것이 아니기 때문에 속독의 능력은 그 가치가 의심스럽다. 독서의 가장 중요한 유익 중 하나가 우리보다 우월한 영혼과 지적 교감을 나누는 것이라면, 속독은 유익한 것이 못 된다.

숲속을 여유 있게 천천히 걷는 사람은 전력질주 하느라고 주변을 보지 못하는 사람보다 더 많은 깨달음을 얻을 수 있다. 자주 멈추고 종종 앞의 내용을 다시 되짚어보면서 훌륭한 책을 차분히 신중하게 읽는 것이 언제나 가장 좋은 독서방법이다. 이 방법은 책에서 배우고, 또 우리 자신에게서 배우는 것이다.

그러니 자신의 독서 속도에 대해 걱정하지 않아도 된다. 당신에게 편하고 자연스런 속도를 찾아라. 빨리 달리는 사람이 있다면, 당신을 앞질러 달려가게 내버려 두어라. 토끼와 거북이의 이야기를 기억하라.

독서 속도에 대한 개념과 밀접한 관계가 있는 것은 암기의 상대적 중요성에 대한 개념이다: 우리가 암기를 해야 하는가, 만일 암기를 해야 한다면 얼마나 많이 해야 하는가?

세계의 어떤 문화들은 몇 권의 고전을 암기하는 것이 교육 내용의 대부분을 차지할 정도로 암기를 강조해 왔다. 고대 중

국이나 인도에서 그랬고, 내가 알기로는 아라비아 같은 지역들에서는 지금도 그렇다. 선교사들이 전하는 말에 의하면, 어떤 동양인들은 선교사들이 감히 따라갈 수 없을 만큼 놀라운 암기력을 갖고 있다고 한다.

이 암기의 문제에 대해 나는 두 가지를 독자에게 말해 주고 싶다. 첫째, 암기 기술이 대단히 발달한 지역은 대부분의 경우 책이 아주 귀한 민족들이 살고 있는 곳이다. 이들은 몇 가지 중요한 고전서적이 그들의 교육을 위해 요구되는 읽을거리의 거의 전부라고 믿는다. 하지만 영어를 사용하는 오늘날의 세상에서는 영어로 쓰인 모든 책을 구할 수 있을 뿐만 아니라, 다른 언어에서 영어로 번역된 책도 모두 구할 수 있다. 책이 홍수처럼 쏟아져 나오는 지금, 무조건 대량으로 암기한다는 것은 사실상 불가능하다.

둘째, 과도한 암기는 독립적으로 사고하고 싶은 욕구를 사장시킨다. 암기에 지나치게 치중하는 사람은 활기 넘치는 독창적 사고 없이 오로지 다른 이들의 말로 가득 찬 녹음기처럼 되어버린다.

훌륭한 사고를 내 머리에 심어주고 나로 하여금 독창적 사고를 추구하도록 감동을 불어넣어준 책은 내가 앞표지부터 뒤표지까지 암기한 책보다 훨씬 더 많은 유익을 주었다. 이것이 내 나름대로 깊이 생각한 후에 내린 결론이다.

내가 사용하는 방법은 암기를 성경과 훌륭한 찬송가에만 국한하는 것이다. 성경구절을 암기하는 것은 설교에 사용하거나 여행하면서 묵상하기 위함이다. 좋은 찬송가를 머리에 넣어두는 것을 좋아하는 이유는 언제 어디서나, 어떤 상황에서든 낮은 소리로 부르기 위함이다. 이 두 경우를 제외하면 암기에 큰 신경을 쓰지 않는다.

chapter 27

탁월한
언어 사용을 위한
독서

    하나님께서는 인간의 언어를 존귀하게 만드셨다. 그분의 구원의 소식을 전달하는 통로로 인간의 언어를 사용하셨기 때문이다. 인간의 언어는 우선 성령의 감동으로 기록된 성경에서, 그 다음에는 수천 가지 언어와 방언으로 번역된 성경에서 그런 통로로 사용되었다. 언어는 사람들에게 복을 주고, 하나님께 영광을 돌리며, 속량을 노래하는 기쁨의 오라토리오를 연주하는 아주 뛰어난 오르간이다.

    표현력이 뛰어난 언어는 무수히 많은 하나님의 선물 중 하나다. 이런 선물이 먹고 살기 바빠서 이리 뛰고 저리 뛰는 사람들에 의해 소홀히 취급당하는 것은 불행한 일이지만, 그래도 이해해줄 수 있다. 하지만 목회자들까지 이 선물을 소홀히 취급하는 것은 도저히 이해되지 않을 뿐만 아니라 변명의 여지없는 잘못된 일이라고 본다.

말에도 훈련이 필요하다

하나님께서 그분의 구원의 진리를 '인간의 언어'라는 그릇에 담으셨다는 사실 때문에 그 진리의 설교자는 언어의 사용에 있어 보통 수준의 기술을 갖는 것으로 만족해서는 안 된다. 모든 미술가는 그의 도구들을, 모든 음악가는 그의 악기들을 마스터해야 한다. 건반에 대해 초보자 정도밖에 모르는 피아니스트가 콘서트에서 연주하려는 것이 말이 안 되듯, 설교의 도구로 사용되는 언어에 대해 철저히 알지 못하는 복음의 일꾼이 설교단에 서는 것도 말이 안 된다.

물론, 하나님께서 더듬거리는 신통치 못한 메시지를 사용해서 청중에게 영적 유익을 주신 예외적인 경우들이 있는 것은 사실이다. 하지만 이런 경우들은 그분의 최고의 의지(意志)가 작용한 것이 아니라 그분이 강권적으로 일하신 것이라고 해석되어야 할 것이다. 비정상적 상황에서 그분이 나귀의 입을 여심으로 나귀가 아주 유창하게 말했을 때 변절한 선지자는 마음에 찔림을 받았고, 나귀의 유창한 말은 성경에 기록되었다. 그러나 이런 경우가 신앙을 가르친다는 사람들이 언어 사용의 기술에 관심을 가질 필요가 없다는 논리로 해석되어서는 안 된다.

성령의 감동을 받아 말한 거룩한 사람들, 그리고 성경을 기록한 사람들은 하나같이 언어 사용의 대가였다. 그들 각자는 탁월한 언어 사용 능력을 통해 하나님을 섬겼다. 그들 중 일부는 최고 수준의 문필 능력을 보여주었고, 인류가 배출한 위대한 문호의 반열에 들 자격이 있다.

그토록 높은 수준의 자질이 성경을 기록한 사람들에게 요구되었다면, 성경을 설명한다는 우리도 가능한 가장 최고의 재능을 갖춘 후에 사명을 감당해야 하지 않을까? 우리에게 다윗의 예술적 감각이나 이사야의 달변은 없을지 모르지만, 우리의 메시지를 명료하게 전달할 수 있는 능숙한 언어 구사력을 습득하지 못할 이유는 없다. 그렇게 되려면 장기간 피나는 노력을 해야 한다. 진정한 선지자들은 고된 노력을 두려워하지 않았다.

듣는 것이 입으로 나오는 법이다

아이들은 모방을 통해 언어를 배운다. 그들이 성장해서 좋은 언어를 말하느냐 아니면 형편없는 언어를 말하느냐 하는 것은 전적으로 그들 주변 사람들이 사용하는 언어의 질(質)에 따라 결정된다. 어른들이 화술을 배운다 해도 '무의식적 모방'이라는 어린 시절의 기술보다 훨씬 더 발전하는 것은 아니다. 사람은 자기와 어울리는 사람들의 말을 모방하는데, 특히 자기가 높이 평가하는 사람들의 말을 모방한다. 그러므로 언어를 아주 잘 사용하는 대가들과 어울리는 것이 중요하다.

책 속에서 우리를 만나주는 위대한 문호와 깊은 교감을 나누면, 20년 동안 문법 공부를 하는 것보다 어휘 사용의 기술을 더 많이 배우게 될 것이다. 학교에서 언어를 가르치는 사람들이 종종 언어 사용 기술의 최악의 예(例)를 보여준다는 것은 이미 악명 높은 사실이다.

고역이 무엇인지 알려면, 언어를 전공하는 교수가 쓴 글을 읽어보라. 그런 글은 아주 정확하지만, 동시에 아주 무미건조할 것이다. 뼈와 뼈가 해부학적으로 아주 정확하게 연결되어 있지만, 거기에 활력과 '듣는 것'(hearing)은 없다. 이런 글을 쓰는 사람은 문법은 훤히 꿰뚫고 있지만, 섬세한 어조(語調)에는 귀가 먹었다. 문장을 문법적으로 정확하게 쓰려는 열정은 있지만, 그 문장에 생동감을 불어넣을 능력은 없는 것 같다.

'훌륭한 글쓰기'뿐만 아니라 '훌륭한 말하기'를 위해서도 말의 높이와 속도와 균형과 리듬과 어조와 음색에 신경 써야 한다. 그런데 이런 것들은 소위 '학습'을 통해 배울 수 있는 것이 아니라, 오직 무의식적 모방을 통해 습득할 수 있을 뿐이다. 품격 있고 아름다운 말을 쓰는 사람에게 공감하면서 그의 말을 오랜 시간 듣게 되면, 그의 기술이 우리 마음의 땀구멍을 통해 어느 정도 스며들어 우리의 품격을 높여줄 것이다. '읽는 것'은 '마음으로 듣는 것'이라는 사실 또한 기억하라. 우리와 마음이 통하는 저자의 책을 읽는 것은 그 저자의 말을 듣는 것과 같다.

이 글을 읽는 독자 중 젊은 층에 속하는 어떤 이들은 내가 말하는 대가들이 누구인지, 또 언어 구사 능력을 키우는 데 좋은 책으로 내가 어떤 책을 추천할 것인지 궁금해 할 것 같은데, 몇 가지를 소개하면 다음과 같다.

소박함은 존 번연, 명료함과 우아함은 조지프 애디슨, 사고의 지속적 고양(高揚)과 고상함에는 존 밀턴, 활력은 디킨스, 간결함과 위엄에는 베이컨을 추천할 만하다.

이 사람들 외에도 로버트 루이스 스티븐슨, 존 러스킨, 토머스 칼라일 및 나다니엘 호손을 추천하고 싶다. 시인으로는 워즈워스, 브라이언트, 블레이크, 존 키츠 및 퍼시 셸리를 배울 만한 사람들로 추천한다.

그리고 현대적 문체에 좀 더 다가가서 오직 글의 멋에 대해 배우려 한다면, 프랜시스 페글러, '붉은' 스미스(1905-1982. 미국의 스포츠 칼럼니스트), 그리고 시드니 해리스(1917-1986. 미국의 저널리스트)를 읽으면 좋다.

〈타임〉지는 편향되어 있고 어느 정도 가벼운 편에 속하지만 그래도 생동감이 있기 때문에 답답한 문체나 진부한 상투어를 피하려는 사람에게 도움이 될 것이다. 이런 이유로 이 잡지를 추천하지만, 이 잡지에 너무 많이 의지하지는 말라.

chapter 28

읽는 것에서
멈추지 마라

어떤 출판인들의 선견지명과 열정에 힘입어 지난 몇 년 동안 과거의 많은 위대한 기독교 고전들이 매력적인 모습으로 거듭나 기독교 대중에게 소개되었다. 이것들은 대략 두 가지 종류로 나누어진다. 하나는 청교도 성직자들의 작품이고, 다른 하나는 성 아우구스티누스로부터 존 울맨(1720-1772. 북미의 저널리스트 및 퀘이커 순회 설교자)에 이르기까지의 신비가(神秘家) 신학자와 경건서적 작가들의 작품이다.

위대한 청교도 작가들, 그리고 교리적으로나 정신적으로 그들과 밀접하게 연결되어 있는 작가들은 현재의 근본주의자들의 영적 조상이다. 한 가지 아쉬운 점은 지금 여기서 일일이 열거할 필요는 없는 이런저런 이유로 인하여 이 고결한 아버지들이 그들에 필적하는 아들들을 낳지 못했다는 것이다.

이제까지 역사 속에 나타난 경건서적은 너무 다양하기 때문에 일일이 분류하는 것이 매우 힘들다. 위대한 작가 중 일부를 열거하자면 마이스터 에크하르트, 클레르보의 베르나르, 얀 판 루이스브룩(1293/94-1381. 플랑드르의 신비가), 미카엘 몰리노스(1640-1697. 스페인 출신의 설교자), 십자가의 요한(1542-1591. 스페인의 신비가), 토머스 트러헌(1636/7-1674. 잉글랜드의 시인, 신학자 및 저술가), 리처드 롤(1295-1349. 영국 사람으로서 영어와 라틴어로 된 12권의 성경주석 및 성경 번역서를 남겼다), 윌리엄 로(1686-1761. 영국의 경건서적 작가), 월터 힐튼(1340/45-1396. 잉글랜드의 신비가), 프란시스 드 살레스(1567-1622. 프랑스 출신의 제네바 주교), 야콥 뵈메(1575-1624. 독일의 기독교 신비가 및 신학자) 그리고 게르하르트 테르스테겐이 있다. 여기에다 우리에게 더욱 친숙한 이름을 덧붙이자면 페넬롱, 귀용 부인 및 토머스 아 켐피스를 들 수 있다.

대략적으로 말해서 이런 사람들은 '보편적 그리스도인'이라고 말할 수 있다. 인간의 모든 영적 가능성을 망라할 정도로 넓고 깊게 하나님의 은혜를 체험한 후 그 체험을 다양한 교리와 연령의 그리스도인들에게 이해되는 언어로 표현할 수 있었기 때문이다.

진심 어린 찬송가가 모든 그리스도인의 심금을 울리듯이, 이런 경건서적들은 하나님을 진심으로 찾는 사람들의 마음에 쏙 들 수밖에 없다. 그리스도를 믿는 참된 믿음, 세상과의 완전한 단절, 하나님을 붙드는 뜨거운 열정, 자신에 대해 죽고 십자가를 지는 것, 이런 것들만 우리에게 있다면 성령께서 수 세기를 초월하여 그분의 사람들을 서로에게 소개시켜 주시고, 그들에게 영적 연합과 성도의 교제의 의미를 가르쳐주실 것이다.

이상과 다른 우리의 현실

그런데 복음주의 진영의 평신도들이 이런 위대한 영적 고전들을 대하는 태도에 있어서 이상과 현실이 너무 다른 것이 내 마음을 착잡하게 한다. 이상적으로 말하면 하나님의 사람들은 목이 타는 사슴이 시원한 물에 주둥이를 파묻기 위해 시냇물로 달려가듯이 이런 책들을 향해 달려가야 하지만, 실제로는 비교적 소수의 사람만이 이런 책들을 기뻐한다. 대부분의 그리스도인은 이런 책들을 지루하게 여기며, 설령 구입한다 할지라도 거의 들여다보지 않고 오히려 '이런 책들이 어떻게 종교적 걸작이 되었을까?' 하고 의아해 한다.

이런 현상이 왜 벌어지는가? 왜 오늘날 대다수의 그리스도인이 얄팍한 종교 소설을 더 좋아하는가? 또는 '초보'(히 5:12) 수준을 넘지 못하는 성경에 대한 맥빠진 이런저런 이야기, 날마다의 경건을 위한 한 페이지짜리 짧은 글, 원작의 강렬함이 한 풀 꺾인 기독교 위인전 같은 것을 왜 더 좋아하는가? 내가 볼 때, 거기에는 두 가지 이유가 있다.

첫째, 오늘날의 복음주의 기독교는 성도를 만들어내지 못하고 있다. 신앙적 체험에 대한 모든 개념이 '초월적인 것'에서 '실리적인 것'으로 바뀌었다. 지금 하나님과 그리스도께서 유용한 존재로 인정되는 것은 우리를 곤경에서 구해주시기 때문이다. 우리에게 있어서 그리스도는 과거의 굴레에서 우리를 건지고, 우리의 긴장을 풀어주고, 마음의 평안을 주고, 사업의 번영을 주는 분이실 뿐이다.

아우구스티누스, 버나드, 또는 롤과 같은 이들의 책에서 볼 수 있는 활활 타오르는 사랑이 현대의 신앙인들에게는 낯선 것으로 느껴진다. 이들은 자기와 같은 사람들의 책은 이해하지만, 자기와 다른 사람들의 책은 이해하지 못한다. 거북이는 흉내지빠귀(mockingbird)가 지루하다고 느낀다. 에서는 야곱과 통하는 것이 없었다. 사도 바울은 "육에 속한 사람은 하나님의 성령의 일들을 받지 아니하나니 이는 그것들이 그에게는 어리석게 보임이요, 또 그는 그것들을 알 수도 없나니 그러한 일은 영적으로 분별되기 때문이라"(고전 2:14)라고 말한다.

육신적이고 세상적인 것들에 푹 빠져 있다가 갑자기 수준 높은 경건서적을 읽으면, 우리가 지금 논하고 있는 이런 위대한 책들의 깊고 고상한 사상을 즐기는 것이 불가능하다. 그러나 우리는 이런 책들의 마음의 언어를 알아야 하고, 그것들과 조화를 이루어 진동(振動)해야 하고, 그것들의 내면적 경험을 공유해야 한다. 그렇지 않으면 그것들이 우리에게 아무 의미가 없게 된다.

너무나 자주 우리는 그것들의 영적 분위기가 낯설기 때문에 그것들에서 유익을 얻지 못한다. 대신, 기독교를 견딜 수 있을 만큼 재미있는 것으로 만들기 위해 이런저런 형태의 종교적 연예오락을 이용한다.

생각하기 위해 읽어라

사람들이 위대한 영적 고전의 진가를 깨닫지 못하는 두 번째 이유는 그것의 교훈에 순종할 마음이 없이 그것을 이해하려고 하기 때문이다. 이 점에 대해 내가 얘기하는 것보다 그리스의 교부 성(聖) 그레고리의 말을 듣는 것이 더 좋을 것 같으므로 그의 말을 들어보자.

"계명에 따르지 않고 단지 학습과 독서를 통해 계명을 이해하려는 사람은 그림자를 진리로 착각하는 사람이다. 왜냐하면 진리에 대한 깨달음은 그 진리에 참여하는 사람, 즉 삶을 통해 그 진리를 맛본 사람에게 주어지기 때문이다. 진리를 깨닫기 원하지만 그것에 참여하지 않아 그것의 초보조차 모르는 사람은 거기서 '왜곡된 지혜'를 얻을 뿐이다. 그는 자기가 진리를 안다고 자랑하겠지만, 사도 바울은 그런 사람에 대해 '육에 속한 사람은 하나님의 성령의 일들을 받지 아니하나니'(고전 2:14)라고 말한다."

결론적으로 말해서, 책을 목적이 아니라 수단으로 여기면 책에서 유익을 얻을 수 있다. 책 자체를 목적으로 삼으면 책의 가치를 떨어뜨리는 것이다. 온갖 종류의 모든 책에 적용될 수 있는 베이컨의 유명한 독서법을 들어보자.

"반박하고 부정하기 위해 읽지 말라. 당연한 것으로 받아들여 믿어버리기 위해 읽지 말라. 이야깃거리를 얻기 위해 읽지 말라. 다만 잘 따져보고 깊이 생각하기 위해 읽어라. 어떤 책들은 맛을 보고, 또 어떤 책들은 삼켜버리기 위한 것이지만, 소수의 어떤 책들은 씹어서 소화시켜야 한다."

The Size of the Soul

4

부흥,
함께
지어져 가다

너희도 성령 안에서 하나님이 거하실 처소가 되기 위하여

그리스도 예수 안에서 함께 지어져 가느니라

에베소서 2장 21,22절

chapter 29

회심한 사람이
기쁨을 빼앗기는
이유

"이 세상에서 가장 행복한 사람은 최근에 회심한 사람이다. 하지만 너무 많은 성경 선생들을 만나고 너무 많은 교인들을 보게 되면, 더 이상 그렇지 않을 것이다."

유명한 설교자가 한 말이다. 어렵지 않게 눈치챌 수 있는 아이러니가 이 말 속에 담겨 있지만, 정직한 그리스도인을 적잖은 고민에 빠뜨릴 수 있는 사실도 이 말 속에 담겨 있다.

온전한 기쁨의 길에 들어선 사람들

새로 회심한 사람이 이 세상에서 가장 행복한 사람 중 하나가 되어야 한다는 것은 분명히 맞는 말이다. 왜냐하면 이 사람은 모세와 모든 선지자들이 예언한 '그분'을 발견했기 때문이다. 다음과 같은 노래가 그의 입술에서 자기도 모르게 튀어나올 것이다.

할렐루야! 그분을 찾았네.
내 영혼이 그토록 오래 간절히 찾았던 분이시라네.
예수님이 내 소원들을 이루어 주시네.
그분의 보혈로 이제 내가 구원 받았네.

옛것은 지나갔고 모든 것이 새로워졌다. 불과 몇 시간 전의 어두운 절망, 그리고 믿음의 기적에 떠밀려 들어오게 된 새로운 밝은 세계. 이 둘 사이의 차이가 너무 커서 그의 인격의 모든 신경과 세포가 기쁨의 전율을 느낀다. 절제력 강하고 차분하기로 소문난 사람들조차 "그리스도를 처음 만나 기쁨으로 충만했을 때 온 세상이 밝아졌습니다"라고 간증할 정도이다. 사람들이 "내가 회심했던 날 밤, 공기가 더 상쾌하게 느껴졌고, 별들이 더 환하게 빛났고, 자연 속의 친숙한 모든 것들이 은은한 빛으로 달아오르는 것 같았습니다"라고 말하는 경우가 드물지 않다. 이런 사람들이 환각에 빠졌던 것이 아니라는 것은 그들의 안정된 삶의 모습과 그들의 모든 신앙적 태도의 건전함에 의해 당당히 증명된다.

그러므로 앞에서 인용한 말의 전반부, 즉 "이 세상에서 가장 행복한 사람은 최근에 회심한 사람이다"라는 말은 더 이상 검증이 필요 없을 정도로 확고한 진리이다. 그런데 인용의 후반부가 내 마음을 착잡하게 한다. 어째서 성경 선생과 교인들이 새 회심자의 기쁨을 파괴하는가?

내 얘기를 본격적으로 하기 전에 한 가지 분명히 해둘 것이 있는데, 그것은 모든 성경 선생과 교인들이 그런 역기능을 낳는 것은 아니라는 것이다(내가 이렇게 말해야 모든 이에게 공정한 것이 된다). 내가 아는 어떤 성경 선생들은 거듭난지 얼마 안 되는 그리스도인의 마음의 불타는 제단 위에 연료를 더 쌓아올리는 것을 기쁨으로 여긴다. 또 내가 아는 어떤 교인들은 새로 태어난 그리스도인의 삶의 모든 부분에 큰 힘이 되어줄 영향력과 모범을 보인다.

하지만 이런 선생들이나 교인들과 다른 사람들도 나는 많이 알고 있다. 이런 사람들은 새 회심자가 그리스도인으로서 성장하려고 몸부림칠 때 반드시 극복해야 할 사람들이다.

기습 공격에 무너지는 기쁨

일부 성경 선생들은 새 회심자의 소박함을 빼앗음으로써 그에게 피해를 주고, 일부 교인들은 그에게 환멸을 느끼게 함으로써 상처를 준다. 그것에 대비할 시간조차 갖지 못했을 때 말이다.

새로 태어난 그리스도인은 그가 거의 무의식적으로, 그리고 순진하게 받아들인 아름답고 즐거운 삶에서 활력을 얻는 자신의 모습을 보게 된다. 그에게는 모든 것이 단순하고 자명하다. 중간에 무엇인가 끼어들 여지가 없다. 새로 태어난 아기에게는 엄마가 만족스런 애정의 대상, 따스함, 영양의 제공, 보호, 안식 같은 의미를 갖겠지만 그리스도께서는 새 회심자에게 이것보다 무한히 더 높은 의미를 가지신다.

그런데 바로 이 단계에서 일부 잘못된 성경 선생들이 그에게 피해를 줄 수 있다. 그들이 우선 저지르는 것은 그의 소박함을 깨뜨리는 것이다. 그와 그리스도 사이에 무엇인가를 끼워 넣는다. 그를 '그리스도 중심적' 신앙인으로 만들지 않고 '성경 중심적' 신앙인으로 만든다. '그리스도 중심적'이라는 것과 '성경 중심적'이라는 것은 분명히 다른 것이므로, 이 점에 속지 말라.

성령의 기름부음을 받은 성경 선생은 성경이 투명한 유리 상자에 지나지 않는다는 것을 분명히 보여준다. 성경을, 그것이 마땅히 있어야 할 자리에 둔다. 성경이 일종의 불타는 떨기나무(출 3:2)에 불과하다는 것을 잘 안다. 하나님이 그 떨기나무

안에 거하시고, 그것 밖으로 찬란한 빛을 발하신다는 것도 안다. 관찰자의 눈에 딸기나무가 보이는 것은 사실이지만, 그는 그 나무가 아니라 그것 안에 임재하시는 분에게 관심을 두어야 한다. 그러나 잘못 가르치는 선생은 딸기나무 자체에 대해 전문적으로 파고들기 때문에 그것의 불길은 점점 약해지고, 새 회심자의 얼굴에는 더 이상 빛이 비치지 않게 된다.

그렇기 때문에 내가 서두에 언급한 '점잖게 꼬집는 사람'이 "너무 많은 성경 선생들을 만나면, 더 이상 그렇지 않을 것이다"라고 말한 것이다.

경고에 귀 기울이라

그렇다면 이제는 너무 많은 교인들이 새로 태어난 그리스도인의 행복을 어떻게 망치는지를 생각해 보자. 이런 일이 벌어지는 것은 오로지 회심자가 느끼게 되는 환멸 때문이다.

갓 회심한 사람, 특히 비기독교적 배경 속에서 살다가 회심한 사람은 너무 순진하기 때문에 자신을 지키는 데 아주 서툴다. 어린 그리스도인은 방금 놀라운 체험을 했기 때문에, 다르게 표현하면 놀라운 체험 안으로 들어왔기 때문에 순진하게 아무나 믿는 경향이 있다. 다른 그리스도인들을 무제한으로 신뢰하기 쉽다. 위선자, 우유부단한 대학교수, 신앙인인 체 하는 사람, 육신적 마음을 버리지 못한 채 수련회를 전전하는 사람, 이런 사람들이 있다는 것을 상상조차 못한다.

이런 상태에서 세상적인 교인을 처음 접하게 되면 순진한 마음에 충격과 두려움이 생긴다. 어떤 이들은 이런 상처를 극복하지 못해서 정상적 기능을 못하는 신앙인이 되고 만다. 믿음의 성장이 중지되고, 봉사의 삶을 살지 못한다. 혹은 그렇게까지는 안 된다 해도 적어도 신앙적 성장이 크게 방해를 받는다.

내 지적이 옳다는 것은 우리의 날마다의 경험이 증명해 주는 바이지만, 더욱 확실히 증명해 주는 것은 바로 성경 말씀이다.

"누구든지 나를 믿는 이 작은 자 중 하나를 실족하게 하면 차라리 연자 맷돌이 그 목에 달려서 깊은 바다에 빠뜨려지는 것이 나으리라"(마 18:6).

이 말씀에서 '실족하게 하다'라는 말이 '넘어지게 하다' 또는 '죄를 짓게 하다'라는 뜻이라는 것을 알면, 이 문제가 얼마나 심각한 것인지를 알게 될 것이다. 연약한 제자의 믿음을 위험에 빠뜨릴 바에는 차라리 죽는 것이 더 낫다는 말씀이다! 아니, 이것보다 더 중대한 의미가 그리스도의 말씀에 담겨 있을지도 모른다. 아무튼 이것보다 덜 중대한 의미가 담겨 있는 것은 아닐 것이다.

chapter 30

종교개혁이
일어나야 한다

사람들이 무엇을, 누구를 모방하는지를 잘 살펴보면 그들에 대해 많은 것을 배울 수 있다. 예를 들면, 약한 자는 강한 자를 모방한다. 그 반대는 아니다. 가난한 사람은 부자를 흉내 낸다. 소심하고 불안정한 사람은 자신감 있는 사람을, 가짜는 진짜를 흉내 낸다. 무릇, 사람들은 자기가 선망하는 대상을 모방한다.

칼자루를 쥔 세상

이런 관점에서 볼 때, 칼자루를 쥐고 있는 쪽은 교회가 아니라 세상이다. 세상이 무엇인가를 먼저 시작하고, 교회는 그것을 따라가고 있기 때문이다. 이런 관점에서 볼 때, 교회가 세상을 보고 침을 흘리고 있다는 것이 틀린 말은 아니다. 자신감이 없는 교회는 자신감을 얻기 위해 세상을 쳐다본다. 약한 교회는 강한 세상을 흉내 낸다. 이것은 영리한 죄인들을 즐겁게 해 주고 교회의 체면은 자꾸 손상시킨다.

이 말에 반박하고 싶은 독자가 있다면 나는 그에게 주변을 둘러보라고 권하고 싶다. 복음주의적 출판사에서 나오는 어떤 책이든 잘 살펴보라. 서점에 가서 한 번 쭉 훑어보라. 젊은이의 집회에 참석해 보라. 여름 수련회에 한 번 들러보라. 대도시 신문사에서 발행되는 신문들의 교회란을 슬쩍 보라. 연극계 소식을 다룬 페이지와 매우 흡사하게 보이는 페이지가 바로 교회란이다. 그것도 대개는 주일에 발행된 신문들이 그렇다! 더 가관인 것은 이런 유사성이 우연히 그렇게 된 것이 아니라 조직적이라는 점이다.

세속적 근본주의의 굴욕

대부분의 경우, 이렇게 굴욕적으로 세상을 모방하는 일은 스스로의 영성이 우월하다고 주장하면서 성경의 문자에 충실하다고 감히 선언하는 교회들에서 일어난다. 역사가 오래된, 의식(儀式) 중심적인 교회들이나 공개적으로 현대주의를 표방하는 교회들은 오히려 이런 노골적인 세상 숭배의 죄를 복음주의 교회들만큼 범하지는 않았다.

이런 역거운 변절을 옹호하기 위해 이런저런 논리들이 쏟아져 나왔지만, 그것들은 반박할 가치조차 없을 정도로 얄팍하다. 그것들은 비전(vision)이나 영적 조명이나 확신이 없는 연약한 사람들이 받아들인 방법을 옹호하기 위한 설득력 없는 변명에 지나지 않는다.

환상을 보고 음성을 듣거나 또는 성경에서 하나님을 만난 과거의 선지자나 사도나 개혁가는 온전한 확신에 사로잡혀 세상에 나가 주님의 말씀을 선포했다. 그러나 지금 우리는 우리의 다음 행동에 대한 지침을 받기 위해 세상을 바라보다가 우리를 위한 가장 최근의 "여호와의 경고의 말씀"(슥 12:1)에 대해 조언을 얻었다 싶으면 황급히 달려나가 숨을 헐떡이며 '사람들이 기대하는 메시지'를 선포한다. 마치, 시내 산에서 모세와 함께 있었다는 듯이!

지금 우리의 선지자들은 전쟁, 선거, 인종 갈등, 청소년 범죄의 발생 같은 소재가 주어지지 않으면 메시지를 선포하지 못한다. 오늘날 설교자들을 이끌며 그들의 메시지의 방향을 결정하는 것은 성경이 아니라 〈라이프〉 지와 〈타임〉 지와 떠돌이 라디오 해설가들이다.

언제나 세상이 먼저 움직이고, 교회는 순순히 그 뒤를 따른다. 세상을 모범 삼아 세상처럼 보이고 세상처럼 말하려고 가련하게 몸부림친다. 그러면서 동시에 "모든 이는 예수님을 영접하고 거듭나야 합니다"라는 '충성스런 광고'를 삽입함으로써 신앙적 증언의 명맥을 겨우 유지하고 있다.

세속화된 근본주의는 끔찍한, 너무나 끔찍한 것이다. 내가 볼 때, 정직한 현대주의나 노골적인 무신론보다 훨씬 더 나쁘다. '교리적 정통'에 기생하는 일종의 '정신적 이단'이다. 이런 근본주의의 진짜 주인이 누구인지를 알려면, 이런 근본주의가 누구에게 매료되어 그를 모방하려고 애쓰는지를 보면 된다.

판단의 잣대는 이렇다. 이들이 누구처럼 되기를 원하는가? 누구를 볼 때 이들의 가슴이 설레고 눈이 기쁨으로 빛나는가? 누구를 보기 위해 달려나가는가? 누구의 테크닉을 빌려다 쓰는가? 그것은 온유한 사람, 경건한 성도, 자기를 부정하고 십자가를 지고 예수님을 따르는 사람이 아니다. 그것은 언제나 거물, 명사(名士), 스타, VIP이다! 물론, 무조건적으로 그러는 것이 아니라, 이 유명인들이 인공광(人工光)과 합성음향의 세례를 받으며 허영으로 가득한 육신적 분위기 속에서 그리스도를 편드는 소위 '간증'을 해주었을 때 그런다.

이런 모든 현상의 슬픈 점은 이것이 앞으로 나타날 새 세대의 그리스도인들에게 영향을 준다는 것이다. 어린 세대가 성장하고 있지만, 이들은 그리스도의 종교로 가장한 '타락한 기독교'만을 보아왔다. 이런 비극적 현상을 초래하는 데 아무 역할도 하지 않은 그들이 이제 이 현상의 피해자가 되고 있다. 그들의 어려운 상황에 대해 책임을 져야 할 사람들은 그들이 아니라 영적으로 무력해진 교회 지도자들이다.

그렇다면 이 문제를 해결할 방법은 무엇인가? 그것은 간단하다. 방향을 180도 돌려 신약의 기독교의 메시지와 방법으로 돌아가는 것이다! 담대하게 세상을 거부하고 십자가를 지는 것이다!

이런 일이 대규모로 일어난다면 대규모 개혁이 일어날 것이다. 지금 높은 곳에 있는 이들이 낮아질 것이고, 겸손한 이들이 많이 높아질 것이다. 도덕적 혁명이 일어날 것이다. 그런데 얼마나 많은 이들이 이를 위해 기꺼이 대가를 치를 것인가?

chapter 31

개인적인
죄라는 건
없다

개인적인 죄라는 것은 없다. 죄가 은밀한 것일 수는 있어도 개인적일 수는 없다. "개인의 행위가 다른 이들의 권리를 침해하지 않는다면 그 행위는 그의 개인적 문제일 뿐이다"라고 주장하는 이들이 일부 있지만 이것은 큰 착각이다. "당신의 자유가 시작되는 곳에서 내 자유는 끝난다"라는 말은 진리이지만, 모든 진리를 담고 있는 것은 아니다. 아무리 은밀한 악이라 할지라도, 악을 행할 권리는 누구에게도 없다. 하나님께서는 인간이 자유롭기를 원하시지만, 그가 죄를 지을 자유까지 누리기를 원하시지는 않는다.

죄는 3차원적 성격을 갖기 때문에 세 가지 방향에서 결과를 낳는다. 하나님께 대해, 자신에 대해, 그리고 사회에 대해 그렇다. 즉 하나님에게서 멀어지고, 자신을 타락시키며, 다른 이들에게 피해를 준다. 아담의 죄는 개인에게 국한되지 않고 결국 온 인류에게 피해를 준 은밀한 죄의 대표적 경우이다.

권력의 자리에 앉아 자신의 세대에게 광범위하게 피해를 준 사람들이 역사 속에서 발견된다. 그들 중 네 사람만을 언급하자면 네로, 나폴레옹, 히틀러, 스탈린이 있다. 이들의 죄는 개인의 죄가 사회에 얼마나 파괴적인 결과를 안겨줄 수 있는지를 극적으로 보여준다. 이들만큼 극적이지는 않지만 모든 죄 그리고 모든 죄인은 세상에 피해를 주고 사회에 상처를 준다. 비록 이런 역사적 인물들이 끼친 해악보다 약하고 덜 눈에 띄는 해악일지라도 말이다.

지그문트 프로이드(1856-1939. 오스트리아의 신경학자 및 정신분석학의 창시자)의 어머니가 땀에 젖은 손을 비비고 있을 때, 호기심 많은 그녀의 아들은 그녀의 손에서 바닥으로 떨어지는 때를 쳐다보았다. 들리는 바에 따르면, 다소 더럽게 느껴지는 이 광경이 프로이드의 사고를 특정 방향들로 몰아갔고, 결국 그는 인간의 삶에 대한 몇 가지 전통적인 개념들을 뒤집어엎는 이론들을 만들어 세상을 흔들어놓았다는 것이다. 상상력을 약간 발휘하는 사람이라면, 만일 프로이드의 어머니가 손의 청결을 유지하는 습관이 있었다면 오늘날 대중 심리학이 어떻게 달라졌을지 궁금해 할 것이다.

나폴레옹이 십대의 나이에 그리스도인이 되었다면 오늘날 이 세상이 어떻게 달라졌을지 생각해 본 적 있는가? 또는 히틀러가 그의 성질을 다스리는 법을 배웠더라면? 또는 스탈린이 마음 여린 사람이었다면? 또는 히틀러가 피를 보고 기절하는 사람이었다면? 또는 괴벨스가 파타고니아에 선교사로 갔더라면? 모든 사업가들이 갑자기 정직해진다면? 모든 정치인들이 거짓말을 그만 한다면?

세상을 다시 만들 수 있는 분은 오직 하나님 한 분이시므로 이런 가정을 해 볼 자격도 그분에게만 있을 것이다. 하지만 우리 인간도 머리로는 다음과 같이 생각해 볼 수 있을 것이다.

만일 히틀러가 선하고 점잖은 사람이었다면 6백만의 유대인 중 많은 이가 지금 살아 있을 것이다. 만일 스탈린이 그리스도인이었다면, 수백만의 러시아 농부가 지금 땅속에서 썩어가지 않고 살아 있을 것이다. 한 사람이 복수심에 불탔기 때문에 수천 명의 어린아이가 굶어죽었다는 것을 생각해 보라. 증오로 가득한 자들이 권좌에 올랐기 때문에 수백만의 사람이 살던 곳에서 쫓겨나 오늘날까지 온 땅을 유랑하면서 자기의 부모나 아내나 아이를 만나지 못하고 있다는 것을 생각해 보라.

어떤 통치자의 탐욕 때문에, 어떤 통치자의 야망 때문에, 어떤 정치인이 겁쟁이이기 때문에, 어떤 정치인이 시기심에 불타기 때문에 지구의 저쪽 먼 곳 어딘가에서는 고향과 사랑하는 이들을 너무 그리워하며 향수병에 시달리고 있는 이들이 많다는 것을 생각해 보라.

죄의 새는 멀리 날아간다

피로 물든 세계적 사건들에 대한 얘기는 그만하고 이제 가까운 주변으로 눈길을 돌려보자. 남편의 잔인한 성격 때문에 오늘 밤도 흐느껴 울다 잠드는 아내들이 얼마나 많은가! 옆방에서 부모가 서로 욕하며 소리 지를 때 아무 힘없는 아이들이 당혹감과 상심에 빠져 어두운 침실에서 웅크리고 충격과 공포에 떨고 있지는 않는가?

부모의 싸움이 사적인 것인가? 그들이 외부인의 출입이 차단된 가정 안에서 짐승처럼 싸우는 것이 그들만의 문제로 끝나는가? 그렇지 않다. 온 인류의 문제이다! 부부가 사각 담장 안에서 죄를 지었기 때문에 이 세상의 여러 곳에서 아이들이 적어도 정신적으로는 3-4대까지 피해를 입을 것이다. 개인적인 죄는 없다.

우리의 시선을 좀 더 가까이 끌어당겨 살펴보자. 그리스도인들은 그리스도인답지 못한 우리의 행동이 우리의 담장 너머로 넘어가지 못할 것이라고 생각해서는 안 된다. 죄라는 악한 새는 멀리까지 날아가서 많은 이들에게 영원한 피해를 입힌다. 가정이라는 개인적인 공간 안에서 범한 죄가 성도들의 모임에 영향을 미칠 수 있다. 죄의 유혹에 은밀히 굴복한 목사와 집사와 교사는 자기가 의식하든 의식하지 못하든 간에 '도덕적 질병'을 퍼뜨린다. 교인 한 명이 죄를 지어도 교회는 그만큼 나빠진다. 오염된 물이 들어왔다 나갔다 하는 가운데 날이 가고 해가 바뀌면 그것이 점점 더 넓게 퍼지고, 점점 더 더러워지고, 점점 더 많은 이들에게 악영향을 준다.

그러나 하나님께 감사하자! 길르앗에는 유향이 있다(렘 8:22). 도덕적 전염병을 고칠 치료책이 있다. 성경은 이렇게 가르친다.

"만일 우리가 우리 죄를 자백하면 그는 미쁘시고 의로우사 우리 죄를 사하시며 우리를 모든 불의에서 깨끗하게 하실 것이요"(요일 1:9).

숫자는
믿음의 바로미터가
아니다

주님의 일에 있어서 숫자를 성공이나 실패와 연관 짓는 현상을 바라보는 그리스도인들은 대개 적잖게 마음이 착잡해 질 것이다.

숫자의 문제를 바라보는 두 가지 상반된 시각이 있다. 어떤 그리스도인들은 이런 문제 자체가 자기들의 품격을 깎아내리는 저급한 것이라고 본다. 이런 사람들은 바흐나 베토벤이나 브람스의 곡이 아니면 가치 있는 음악이 없다고 굳게 믿는 클래식 음악 애호가에 비유될 수 있다. 이들은 자기들이 소수에 속한다는 것을 알며, 또 그 사실을 자랑으로 여긴다. 그들이 지극히 우월한 소수라고 믿기 때문이다. 이들은 교향곡보다 덜 복잡한 음악을 즐기는 사람들을 모두 얕잡아본다.

이것은 문화의 분야에서 나타나는 '속물적 우월의식'이라고 할 수 있다. 이런 사람들은 우리에게 한 수 가르쳐주기를 원하겠지만, 그들의 '속물적 우월의식'을 꿰뚫어보는 우리는 그들에 대해 이미 두 수 내지 세 수를 먼저 내다본다. 그들에 대해 얘기하다 보니 콜턴(Colton)이 말한 '지극히 박식한 사람들'이 생각난다.

"그들이 대중을 얼마나 경멸하는가 하면 … 대중이 우연히 바른 길로 들어서서 그 길을 가면, 그들은 일부러 잘못된 길로 갈 정도이다."

속물적 우월의식에 빠진 신앙인들

내가 만나본 소수의 신앙인은 자기도 모르게 일종의 영적인 '속물적 우월의식'에 빠지는 죄를 범하고 있었다. 이들은 대중적인 싸구려 기독교라면 질색하기 때문에 대중에게는 조금도 마음의 문을 열지 않고, 자기들끼리 똘똘 뭉치는 폐쇄적 성격의 소그룹을 만들어 주님의 식탁에 둘러앉아 하나님의 깊은 일들에 대해 감탄하기를 더 좋아한다.

사실 나는, 그들이 자기도취에 약간 빠져 있는 것 같아서 걱정된다. 이것은 사실상 개신교 수도원 운동이라고 할 수 있다.

그리스도를 믿는 신앙을 속된 대중에게서 철저히 격리함으로써 지키려고 애쓰기 때문이다. 이들의 동기는 추천할 만하지만 이들의 방법은 철저히 비성경적이고, 이들의 정신은 주님의 정신과 완전히 어긋난다.

한편, 이런 사람들과 정반대되는 입장에 서 있는 사람들이 있다. 아주 큰소리로 자기의 주장을 말하는 이런 사람들이 복음주의 교단들에서는 가장 큰 무리를 형성하고 있다. 이들의 철학은 (이것을 굳이 철학이라고 부를 수 있다면) 수단 방법을 가리지 않고 메시지를 전해야 한다는 것이다. 이 철학에 충실한 사람들은 질(質)보다 양(量)에 더 치중하는 것 같다. 그리고 사람들을 일단 교회로 데리고 오는 것에 목숨을 거는 것 같다. 교회로 데리고 온 다음에는 그들에게 줄 것이 별로 없으면서도 말이다.

이들은 메시지를 제멋대로 다루고, 메시지의 전달 방법에 제한을 두지 않는다(이것은 용납될 수 없는 것이다). 성경을 자세히 풀어 설명하지 않고 단지 자기의 편의대로 인용하며, 그리스도의 주권에는 거의 관심이 없다. 그리스도를 영접하면 학교 성적과 골프 성적의 향상은 말할 것도 없고, 더 나아가 마음의 평안과 물질적 풍요까지 생길 것이라고 굳게 믿는 이들은 신앙에 관심없는 사람들을 어떻게든 집회로 데리고 와서 "그리스도를 영접하십시오"라고 압력을 가한다.

지금 미국의 기독교는 어떤 대가를 치르더라도 사람들을 많이 모아야 한다는 강박관념에 사로잡혀 있다. 모든 기독교 행사에서 충격적일 정도로 높은 비율을 차지하는 활동들이 바로 이런 강박관념에 쫓겨서 기획된다. 교인들과 교회들은 기독교 신앙에 관심을 갖는 대중을 교회로 끌어들이려고 서로 경쟁하는데, 이를 위해 현재 유행하는 도구와 소품과 교묘한 방법이 이용된다. 이런 것들을 사용하면서 표면적으로는 '영혼 구원'이라는 명분을 내세우지만, 그 속을 들여다보면 종종 그런 명분보다 저급한 동기에 이끌린 경우가 많다.

하나님의 뜻을 고민하라

진지한 그리스도인은 방금 얘기한 두 가지 극단을 모두 피하기 원한다. 숫자가 하나님의 일에서 어떤 의미를 갖는지에 대해 고민하고, 자신의 삶과 사역을 향한 하나님의 뜻을 알기를 간절히 바란다. 사람들을 더 많이 모으려고 노력해야 하는가, 아니면 작은 무리가 자기를 향한 하나님의 뜻이라고 인정하고 받아들여야 하는가? 주님의 일에서 숫자가 성공이나 실패의 잣대가 되어야 하는가? 질적으로 부족한 것을 양적으로 메워 결국 동일한 결과를 이루는 것이 가능할까? 이런 문제들로 고민한다.

이런 질문들에 대한 답을 얻으려면 한두 가지 예를 생각해 보는 것이 좋겠다. 미국에 기근이 들었는데, 이 도시의 굶주리는 자들에게 식량을 나누어주어야 할 책임이 당신에게 주어졌다면 숫자의 문제가 중요할까? 틀림없이 중요할 것이다. 굶주리는 아이 두 명보다는 그런 아이 다섯 명에게 음식을 주는 것이 더 낫다. 수십 명보다는 수백 명을, 수백 명보다는 수천 명을 먹여야 한다는 의무감이 당신에게 생길 것인가? 당연히 그럴 것이다. 다른 예를 들어보자. 당신의 교인들이 배를 타고 가다가 파선하여 구명정으로 갈아타야 할 경우, 수가 중요할까? 이 경우도 그 대답은 역시 '그렇다'가 될 것이다. 두 명보다 열 명, 오십 명보다 백 명을 구하는 것이 더 좋지 않겠는가?

하나님의 일도 마찬가지이다. 소수보다 다수를 구원하는 것이 더 좋다. 잃어버린 영혼이 아버지의 집으로 돌아올 때마다 천사들은 기뻐하고, 어린양을 찬송하는 찬양대에는 또 하나의 목소리가 합류한다. 이 땅에 계실 때 그리스도께서 무리에게 관심을 두신 것은 분명한 사실이다. 그러므로 그분의 추종자들도 마땅히 그래야 한다. 전도나 선교에 관심이 없는 교회는 모든 면에서 '보통 이하의 교회'이므로 부흥이 정말로 필요하다.

우리는 최대한 많은 이들에게 기독교의 메시지를 전하려고 끊임없이 노력해야 한다. 이런 관점에서 볼 때, 숫자는 지극히 중요하다. 그러나 우리의 제일 중요한 책임은 회심자를 만드는 것이 아니라, 타락한 인간에게 영광을 돌리느라 정신없는 이 세상에서 하나님의 영광을 지키는 것이다. 아무리 많은 이들에게 복음을 전한다 해도, 복음의 메시지에 이어 "인간의 죄는 이토록 무섭고, 지극히 높으신 분의 영광은 이토록 아름답습니다"라는 담대한 선언이 따르지 않는다면 실패한 것이다. 더 많은 사람들에게 접근하기 위해 진리의 질을 떨어뜨리거나 진리를 훼손하는 사람은 하나님의 영광을 훼손하고 인간의 영혼에게 깊은 해를 끼친다.

더 많은 수의 사람들이 그리스도를 영접하도록 만들겠다는 의도에서 그분의 교훈을 살짝 바꾸고 싶은 유혹이 속도, 규모, 시끄러운 소음 및 군중으로 상징되는 이 시대에 맹위를 떨친다. 그러나 우리에게 진정으로 유익한 것이 무엇인지를 안다면 온 힘을 다해 이런 유혹에 저항할 것이다. 이런 유혹에 굴복하면 이 세대에는 약하고 열매 없는 기독교가 생길 뿐이고, 다음 세대에는 죽음과 절망만이 있을 것이다.

chapter 33

사랑의 이름으로
눈감아주지 마라

사람들끼리 서로 간에 진실을 말하고 진실을 들어야 한다는
차원에서 볼 때, 성도들을 감싸고 있는 피부가 세상에서 가장
얇은 피부라는 사실은 그리 바람직한 것이 못 된다. 하나님의
자녀들은 갓 태어난 벌새처럼 쉽게 상처를 받는데, 가장 나쁜
것은 그 상처가 쉽게 아물지 않는다는 것이다.

얼마 전에 이런 사실을 내 머리에 떠올리게 한 사건이 있었
다. 나는 어떤 사람의 책에 대해 서평을 쓰면서, 그 나쁜 책에
대해 냉정하면서도 우호적으로 써 주겠다고 마음먹었다. 물론
그 책이 도덕적으로 나빴다는 말이 아니라 하나의 책으로서
나빴다는 말이다. 나는 누구에게도 분노하지 않았고, 심지어

쉽게 눈치챌 수 있는 유머를 약간 섞어서 내 말을 부드럽게 하려고 노력했다.

그 책의 저자는 내 서평에 대해 반응하지 않고 넘어가는 큰 도량을 보여주었지만, 내 서평을 읽고 깜짝 놀란 내 친구 몇몇은 내 솔직함이 그리스도인으로서의 나의 신앙고백에 흠집을 냈고, 내가 "평안의 매는 줄로 성령이 하나 되게 하신 것"(엡 4:3)에 역행하는 죄를 범했다고 느꼈다. 그들은 만일 내가 그때까지 정말 신앙적으로 승리의 삶을 살았다면, 다른 그리스도인이 쓴 책에 대해 그토록 직설적으로 논평하지는 않았을 것이라고 생각했다.

침묵이 사랑은 아니다

솔직한 의사 표현을 육신적인 것으로 오해하고, 침묵이 사랑을 보이는 유일한 방법이라고 믿는 예민한 사람들이 언제나 있는 것 같다. 이런 마음 여린 성도들은 겸손과 소심함을 혼동하고, 너무 쉽게 믿어주는 것, 즉 경신(輕信)과 성화(聖化)를 동의어라고 믿는다. 이들의 논리대로라면, 복음주의자가 쓴 책이라면 아무리 표준 이하의 것이라도 다른 복음주의자들로부터 무조건적으로 인정받아야 할 것이며, 그렇게 인정해 주지 않는 것은 사랑이 없는 비기독교적인 것으로 간주되어야 할 것이다.

이런 사람들이 보이는 나약한 태도는 '그저 그런 보통 수준의 책들'이 복음주의 출판물의 영역에서는 정상적인 것으로 간주되는 분위기를 만들어놓았다. 조잡한 사고와 더 조잡한 글이 정통주의의 전형적 특징이 되어 버렸기 때문에 하나님의 원수들은 기뻐하고 수준 높게 사고하는 사람들은 슬퍼한다.

복음을 믿는 그리스도인들이 쓴 것은 무엇이든지 인정해 주는 사람이 영성이 좋은 사람이고, 그들의 글을 비판하면 육신적인 사람이라는 선입견이 사라지지 않는 한, 우리는 지속적으로 퇴보할 수밖에 없다. 이런 선입견이 지배하는 분위기가 현재처럼 계속된다면, 보수주의자들은 머지않아 '우호적이지만 비현실적인 세계'에서 살게 될 것이다. 그리고 그 세계에서는 미소 짓는 소심한 형제들이 일류 출판사의 사환에게조차 퇴짜 맞을 정도로 내용과 문체가 형편없는 책을 손에 들고 활보하면서 주님을 찬양하고 서로를 칭찬할 것이다.

다른 사람을 비판하면 그에게 상처를 줄 수 있다는 두려움 때문에 분별력 있는 많은 사람이 침묵하는 동안 성경적 기독교가 분별력 없는 사람들의 손으로 넘어가버린 것은 매우 유감스런 일이다.

경건에 대한 왜곡되고 나약한 개념 때문에 기독교 음악은 이미 오래 전에 망가졌다. 소심한 성도들이 차마 문제 제기를 못하고 있는 동안, 너무 오랫동안 대범하게 일해 온 시끄럽고 버릇없는 사람들이 훌륭한 찬송가들을 쫓아냈다. 그 결과, 지난 한 세대 동안 우리는 과거의 여러 세대들로부터 물려받은 금은 보화 같은 노래와 찬송가를 전혀 모르는 젊은 그리스도인 세대를 만들어내고 말았다. 은(銀) 나팔 대신 주석(朱錫) 피리가 사용되고 있지만, 우리의 기독교 지도자들은 그것에 항의하기를 두려워한다.

아이러니컬하게도, 위대한 찬송가들에 담긴 신학을 부정하는 현대주의 교회들은 그런 찬송가들을 부르고, 그것들의 가치를 믿는 거듭난 그리스도인들은 그것들을 부르지 않는다. 그것들을 밀어내고 대신 들어온 것은 신학적 내용도 없고 아름다움도 없는 노래들이다.

혐오스러운 것들이 주변에 널려 있어도 사랑의 이름으로 입을 다물어야 한다는 철학은 기독교 출판물과 찬송가뿐만 아니라 교회생활의 거의 모든 부분에 해악을 끼쳤다. 과거에는 복음주의적 그리스도인들이 모였을 때 성경과 찬송가책만 있으면 얼마든지 기쁨을 표현할 수 있었지만, 지금은 자칭 그리스도인이라는 사람들의 이교적 취향을 만족시키기 위해 수많은 도구와 소품들이 사용된다.

구약의 기록에 의하면, 수 년 동안 악한 권세가 지배했던 유다에서 왕의 권좌에 오른 히스기야는 그 즉시 제사장들과 레위인들을 소집해서 이렇게 말했다.

그들에게 이르되 레위 사람들아 내 말을 들으라 이제 너희는 성결하게 하고 또 너희 조상들의 하나님 여호와의 전을 성결하게 하여 그 더러운 것을 성소에서 없애라 … 제사장들도 여호와의 전 안에 들어가서 깨끗하게 하여 여호와의 전에 있는 모든 더러운 것을 끌어내어 여호와의 전 뜰에 이르매 레위 사람들이 받아 바깥 기드론 시내로 가져갔더라
대하 29:5,16

성전의 더러운 것들을 제거하는 데 1주일이 걸렸지만, 하나님께 순종한 결과로 즉시 부흥의 물결이 일어났고, 그것의 선한 효과는 거의 30년 간 지속되었다.

물론 나는 히스기야 왕의 시대 상황과 오늘날의 교회 상황이 똑같다고 말하고 싶지는 않다. 그러나 대부분의 교회들에서 신약의 기독교를 밀어내고 대신 자리를 차지한 비성경적인 것들에게 거룩한 심판을 내릴 수 있는 두려움 없는 지도자와 담대한 개혁가가 이 시대에 너무나 필요하다. 깨달음을 얻은

사람들은 모두 이런 필요성에 공감할 것이다.

어쩌면 주근깨투성이 얼굴의 한 무명(無名) 청소년이 지금 어디에선가 자라고 있을 것이고, 장차 그가 하나님의 부르심을 듣고 두려움 없는 사랑 가운데 세상에 나가 교회의 양심이 될지도 모른다. 지금 동굴 안에 숨어 있는 너무나 많은 여호와의 선지자들 가운데 엘리야 같은 사람이 있을지도 모른다. 핏기 없는 유약한 사람들은 그를 가리켜 처음에는 "저 사람은 몰인정하고 가혹하다!"라고 말할 지도 모른다. 그러나 그 사람 때문에 바알 선지자들이 도망하는 것을 보면 그의 뒤를 바짝 따라가며 마치 그때까지 줄곧 그와 한편이었던 것처럼 행세할 것이다. 엘리야 같은 사람이 하루라도 빨리 나타나길 바란다.

chapter 34

혼란에 빠진
지식인들

"우리는 혼란에 빠지는 능력을 타고났다"라고 말해도 과언이 아닐 정도로 우리 인간은 혼란에 아주 잘 빠진다. 문명인으로 자처하는 사람들이 일반적으로 이해하고 실천하는 종교가 우리의 머리를 맑게 해서 사물을 똑바로 보게 하는 데 실패하고, 오히려 더 많은 것에 대해 혼란스러워하도록 만드는 것 같기 때문에 우리는 약간 당황하기도 한다.

"하나님 아버지 앞에서 정결하고 더러움이 없는 경건"(약 1:27)이 우리의 머리를 맑게 하고 마음을 차분하게 하는 역할을 한다는 것을 나는 잘 알고 있다. 그리스도께서는 모든 계명들을 하나로 요약하셨는데, 바로 하나님과 인간을 사랑하라는 것이다.

무엇보다 그리스도 자신이 역사상 가장 단순하고 가장 통합적인 인간이셨다. 그분은 언제나 일관된 눈으로 사물을 보셨고, 또 사물을 전체로 보셨다. 겟세마네 동산에서 "땀이 땅에 떨어지는 핏방울같이"(눅 22:44) 될 정도로 고통스런 기도를 드리셨던 무서운 순간을 제외한다면, 그분은 평생 당혹감을 드러내지 않으셨다. 그분의 마음에서 타오르는 사랑은 지극히 따스했기 때문에 청중의 마음에서 두려움을 쫓아냈고, 약한 자와 소심한 자와 자기정죄에 빠진 자들을 그분께로 끌어당겼다. 하지만 마음이 그토록 뜨거웠던 그분도 생각은 완전히 차분하셨다. 온갖 스트레스와 압박감 속에서도 깊은 자신감 가운데 침착하고 차분하셨다. 세상을 조금도 혼란스럽게 하지 않으셨고, 오히려 세상에서 혼란을 많이 몰아내셨다.

하나님의 모든 지혜가 육체로 거하는 분이 '우리가 믿는 도리의 … 대제사장'(히 3:1)이시며, 역사상 가장 건전하고 지혜로운 책인 성경이 우리의 신앙적 지식의 원천임에도 우리가 영적인 것들에 대해 그토록 쉽게 혼란에 빠지는 이유는 무엇일까? 그 이유를 네 가지로 정리한 나는 이 장(章)과 다음 장에서 이에 대해 논하려고 한다.

신앙적인 문제에서 혼란에 빠지게 되는 첫 번째 이유는 그리스도 예수 안에 있는 진리가 단지 지적인 것이 아니라 도덕적이고 영적인 것임을 깨닫지 못하기 때문이다. 만일 어떤 사람이 '하나님의 진리의 불타는 떨기나무'에 가까이 가서 그분의 진리를 손으로 잡으려고 한다면, 그 강렬한 불 때문에 눈이 멀고 손과 얼굴이 타서 감각을 잃게 될 것이다. 계시된 진리를 눈으로 보는 엄청난 사건이 일어나려면 먼저 인간의 지성이 무릎을 꿇고 얼굴을 가리고 떨며 경배해야 한다. 모세가 하나님 보기를 두려워했기 때문에 여호와께서 마치 사람이 친구와 이야기하듯이 모세와 마주보고 말씀하실 수 있었다. 그러나 만일 어떤 사람이 그분 앞에서 본능적으로 자기의 얼굴을 가리지 않는다면 그분은 그에게서 그분의 얼굴을 감추실 것이다.

지적 교만, 그리고 그것의 필연적 결과인 불손함이 신앙적 혼란의 원인이다. "너희 눈이 밝아져 하나님과 같이 되어"(창 3:5)라는 사탄의 최초의 교리가 수 세기에 걸쳐 수많은 종교인에게 받아들여졌으며, 심지어 오늘날 정통 신앙을 고백하는 그리스도인 중에서도 이 사탄의 교리를 추종하는 자들이 많다. 그리스도께서 이 땅에 계실 때 하신 모든 말씀에도 불구하고, 그분의 승천 후에 사도들이 성령의 감동으로 기록해 놓은 모든 성경 말씀에도 불구하고 우리는 "진리의 내적 본질은 인간의 정신적 능력으로 이해되는 것이 아니다"라는 사실을 아직도 깨닫지 못하는 것 같다. 그리고 여전히 '저 어마어마한 초자연적 실재(實在)'에 겁 없이 무모하게 접근한다.

지적 교만의 그림자, 열등감

최근에 미국의 기독교에서는 한 가지 새로운 종교사상이 생겨났다. 지적(知的) 교만에 빠진 사람들이 만들어낸 이 사상에 따르면, 기독교의 가치 있는 모든 것이 철학 용어로 표현될 수 있고 인간의 지성으로 이해될 수 있다는 것이다. 그들은 "좀 더 어려운 문제들에서는 하나님의 도움을 약간 받아야겠지만, 기본적으로는 우리가 그분의 모든 말씀을 이해할 수 있다"라고 주장하는 것 같다.

내가 볼 때, 이 운동을 벌이고 있는 형제들은 복음주의가 충분히 학문적이지 못한 것이 문제라고 느끼는 것 같다. 즉, 자신의 교리를 학문적 용어로 표현하지 못하는 것이 복음주의의 문제라고 느끼는 것 같다. 이들은 아는 것 많은 자유주의자들이 "저 무식한 근본주의자들!"이라고 손가락질하는 것에 분개하고 자극받아 복음주의자들이 그렇게 멍청하지 않다는 것을 증명해 보이려고 안간힘을 쓰는 것 같다.

자신이 바보가 아니라고 주장하기 위해 이들이 택한 방법은 기독교신학을 현대과학의 결과물이나 그리스철학과 동일시하는 것이며, 사람들에게 "알고 보면, 기독교의 계시는 이성(理性)에 철저히 부합한다. 결코 이성에서 벗어나지 않는다"라고 역설하는 것이다. 이들의 주장에서 솔솔 피어나는 지성 숭배의 썩은 냄새는 누구라도 쉽게 맡을 수 있을 텐데, 굳이 나까지 나서서 지적할 필요가 있을까 하는 생각이 든다.

당신이 보기에는 어떤가? 내가 겉으로 드러난 현상만을 보는가? 아니면, 이 복음주의적 이성주의의 사도들의 마음속 깊은 곳에 있는 고통스런 열등감을 꿰뚫어보고 있는가? 나는 그 열등감에 대해 더 이상 언급하고 싶지 않다. 나는 그들이 어떻게 느끼는지를 잘 알고 있다.

물론, 나는 이런 형제들이 잘못되었다고 믿는다. 이들은 바울의 시대에 미신 같은 이야기를 퍼뜨리던 사람들이나 오자크 산지(미국 중남부에 있는 숲이 울창한 고지대군)의 땅꾼들만큼이나 혼란에 빠져 헤매고 있다. 단지 차이가 있다면, 좀 더 격조 있게 논다는 것이다. 만일 이들이 기독교를 철학적 명제로 압축해 버리는 일에 성공한다면, 자유주의와 가톨릭과 공산주의를 합한 것보다 더 큰 피해를 기독교에 안겨줄 것이다.

그러나 어느 정도 희망은 있다. 갑자기 부자가 된 자들처럼 갑자기 지식을 많이 쌓은 사람들도 항상 매사에 오버(over)하는 경향을 보이는데, 복음주의적 이성주의자들은 지금 오버하고 있다. 모세, 다윗, 우리의 거룩한 주님, 요한, 루터, 웨슬리, 존 번연, 쇼펜하우어 그리고 윌리엄 제임스(1842-1910. 미국의 철학자 및 심리학자)는 사상의 내용에서는 매우 달랐지만 매우 효과적으로 사상을 전달했다는 공통점이 있다.

이들의 공통점은 어린아이의 말처럼 단순하고 증류수처럼 투명한 언어로 그들의 주장을 표현했다는 것이다. 복음주의적 이성주의자들이 바로 이 점을 모른다. 이 현대의 선생들은 이해하기 어려운 말로 표현한다. 전문적 학술 용어로 말하기 때문에 그들끼리만 서로 이해하는 것 같다. 그들의 말을 이해하는 데에는 많은 시간이 걸리기 때문에 길거리의 사람들이나 교회의 예배자들이 그들의 주장을 이해하려면 적어도 한 세대는 걸릴 것이다. 역설적으로 말하자면, 이렇게 어려운 편이 차라리 더 좋은 것일지도 모르겠다.

chapter **35**

신앙적 혼란의
이유

앞에서 나는 신앙적 혼란스러움의 원인을 네 가지로 지목했고, 진리의 본질에 대한 오해가 그중 하나라고 밝혔다. 나머지 세 가지는 사랑의 부재, 불신앙 그리고 불순종이다.

사랑 없는 곳에는 진리의 빛도 없다

〈솔로몬의 지혜서〉에는 "사랑하는 마음이 지혜이다"라는 말이 나온다. 솔로몬의 아버지 다윗은 "온유한 자를 정의로 지도하심이여 온유한 자에게 그의 도를 가르치시리로다"(시 25:9)라고 말한다. 이 말씀들이 보여주듯이, 성경 전체가 일제히 칭찬하는 진리는 "사랑과 지혜는 결코 분리되지 않는다. 도덕적 판단의 건전함은 오직 온유한 자들의 것이다"라는 진리이다. 겸손과 사랑이 있는 마음은 성령께서 성경 계시의 진리에 빛을 비추어주실 때 그 진리를 밝히 보게 된다. 성령은 사랑이 없는 마음에 빛을 비추어주시지 않는다. 성령의 조명이 없다면 기독교 진리의 신비는 우리에게 영원히 낯선 것이 되고 만다.

하나님은 사랑의 사람에게는 진리를 즉시 깨달을 수 있는 능력을 주시지만, 그렇지 않은 사람에게는 주시지 않는다. 단지 신학자에 지나지 않는 사람은 어린아이가 퍼즐을 맞추듯 아주 고생하면서 성경의 여러 부분들을 이리저리 맞추어 본다. 그렇게 해서 만들어낸 그의 교리 체계는 성경의 계시와 어느 정도 닮았다. 문제는 그의 교리 체계에서 어떤 부분들은 어디에나 들어맞지만 다른 부분들은 아무데도 들어맞지 않는다는 것이다(이것이 혼란의 원인이다). 그러다 보니 배우는 학생은 그의 기분에 따라 어떤 부분들은 억지로 끼워 맞추고 다른 부분들은 상자에 처박아두게 된다. 그러나 사랑과 조명이 있으면, 전체의 모습이 항상 정확히 보이는 법이다. 성령은 사랑이 있는 사람에게는 언제나 동일한 것을 말씀해 주신다.

독자가 내 말을 오해하여 더 큰 혼란에 빠지는 것을 막기 위해 한 가지 밝혀두겠다. 나는 신학을 확고히 붙드는 사람이다. 지금까지 쭉 그래왔고, 지금도 그렇다. 목회 활동의 일환으로 교리를 가르친다. 하나님의 진리의 큰 뼈대가 인간의 지성의 구조에 들어맞는다는 사실을 아주 다행으로 여긴다. 그리고 인간의 지성이 그 뼈대를 받아들이는 것이 그분의 본래 의도라는 것도 기뻐한다. 누구나 신학자가 되지 않으면 강한 그리스도인이 될 수 없다는 것이 내 신념이다. 그런데 신학자가 되었지만 전혀 그리스도인이 아닐 수도 있다는 것이 문제이다! 사랑이 없는 성경 교리는 진리의 그림자에 불과하다. 사랑 가운데 붙드는 교리가 진정한 진리이기 때문에 그렇지 못한 것은 결코 용납될 수 없다.

믿지 못하면 혼란에 빠진다

신앙의 혼란을 초래하는 또 다른 원인은 불신앙이다. 히브리서 기자는 "들은 바 그 말씀이 그들에게 유익하지 못한 것은 듣는 자가 믿음과 결부시키지 아니함이라"(히 4:2)라고 지적한다. 이 말에 의하면, 이스라엘 민족이 진리에서 유익을 얻지 못한 것은 '믿음의 난파(難破)' 때문이었다.

거룩한 진리를 믿음 없이 붙들겠다는 것은 경악할 만한 일이다. 믿음 없는 사람이 하나님의 진리를 주물럭거리며 시간을 보내는 것은 길갈에서 두려움과 불신앙에 이끌려 제멋대로 번제를 드린 사울의 행동만큼이나 끔찍한 것이다.

사울은 "이에 내가 이르기를 블레셋 사람들이 나를 치러 길 갈로 내려오겠거늘 내가 여호와께 은혜를 간구하지 못하였다 하고 부득이하여 번제를 드렸나이다"(삼상 13:12)라고 변명했지만, 그의 행동을 생각할 때 우리의 등골이 오싹해진다. 거룩하지 못한 사람이 거룩한 일을 시도했지만, 결과는 비극이었다. 그때 이후 사울의 인생은 계속 타락의 길을 걸었고, 결국 그는 버림받은 채 두려움에 빠져 스스로 삶을 끝냈다.

순종 없는 신앙은 무의미하다

내가 언급할 마지막 이유는 불순종이다. 진리가 주어진 목적은 믿고 순종하도록 하기 위함이다. 물론 일부 진리들은 그냥 믿기만 해도 된다. 명령이나 지시를 담고 있지 않은 '사실에 대한 계시'이기 때문이다. 순종을 요구하는 진리들에 순종하지 않을 때, 그 진리는 완전히 무의미해진다.

예를 들어, "내가 다시 와서"(요 14:3)라는 말씀은 순종하려고 해도 할 수 없는 말씀이다. 이것은 순종하고 말고 없이 믿으면 되는 진리이다. 반면, "너희는 가서 모든 민족을 제자로 삼아"(마 28:19)라는 말씀은 오직 순종을 전제로 주어진 말씀이다. 이것은 인간의 의지(意志)에게 주어진 것으로서, 이 진리에 대한 올바른 반응은 오직 순종뿐이다.

이런 성격의 성경구절이 부과하는 의무를 나름대로 이행해 보려는 많은 사람들이 애매한 방법으로 '믿으려고' 노력하지만, 믿는 것은 의무를 이행하는 것과 다르다. 애당초 잘못된 방법으로 접근하니 그들에게 혼란이 생기는 것은 당연하다.

다음과 같은 네 가지 핵심을 명심하면 신앙에 대한 우리의 개념들을 명료하게 하고 우리의 삶을 승리로 이끌어갈 수 있을 것이다.

첫째, 진리는 영적인 것이다. 그러므로 진리의 영께서 우리의 마음에 빛을 비추어 주시고 우리의 영혼의 신비로운 깊은 곳에서 우리를 가르치실 때에만 비로소 진리의 본질이 이해될 수 있다. 둘째, 하나님은 사랑이시므로 우리는 그 사랑에 우리를 맡겨야 한다. 그렇지 않으면 그분의 진리의 깊은 의미를 알 수 없다. 셋째, 성경말씀이 이해되든 이해되지 않든 간에 그 말씀을 믿겠다는 어린아이 같은 단순한 믿음을 갖고 말씀을 받아야 한다. 끝으로, 진리를 알았다면 결과를 하나님께 맡기고 그 진리에 순종해야 한다.

chapter 36

예언의 은사가
필요한 시대

선지자는 자기의 시대를 알고, 또 하나님께서 그분의 시대의
사람들에게 무엇을 말씀하려고 하시는지를 아는 사람이다. 어
떤 특정 시기에 하나님께서 그분의 교회에게 무슨 말씀을 하시
는가 하는 것은 교회의 도덕적 및 영적 상태에 따라, 또 그 시
기의 영적 필요에 따라 전적으로 달라진다.

하나님의 눈으로 분별하라

그럼에도 현재의 종교적 상황을 고려하지 않고 기계적으로
성경을 해설해 주는 종교 지도자는 주변에서 벌어지는 영적 상
황을 전혀 모른 채 앵무새처럼 율법을 충실히 반복한 예수님

시대의 서기관이나 율법사들과 다를 바 없다. 그들은 모두에게 똑같은 양식을 주었다. 적당한 때가 되면 고기도 주어야 한다는 것을 전혀 모르고 있었던 것 같다. 그러나 선지자들은 그들처럼 실수하거나 헛수고하지 않았다. 언제나 그들 시대의 사람들의 상태를 고려하여 메시지를 선포했다.

오늘날 우리에게는 선지자적 설교자가 필요하다. 단지 '예언을 전하는 설교자'가 아니라 '예언의 은사를 가진 설교자'가 필요하다. 오늘날에는 지혜의 말씀이 사라졌다. 우리의 설교단에서는 분별의 은사가 나타나야 한다. 우리에게 필요한 것은 예측하는 능력이 아니라 '기름부음 받은 눈'이다. 즉, 영적으로 통찰하고 해석할 수 있는 능력으로, 이것은 하나님의 눈으로 현재의 종교계를 평가하고 현재 무슨 일이 벌어지고 있는지를 사람들에게 말해 줄 수 있는 능력이다.

종교계의 일들에 대해 지금처럼 많은 사람들이 많은 것을 알았던 때는 아마 세계 역사상 없었을 것이다. 신문은 종교계 소식을 전하느라 바쁘다. 세상의 잡지도 매번 몇 페이지를 할애하여 교회와 회당에서 일어나는 일들을 전한다. 많은 통신사가 교회 소식을 모아서 종교 잡지에 저렴한 가격으로 보급해 준다. 설교자와 함께 종교 운동을 홍보하기 위해 홍보전문가를 고용하는 것이 이제는 결코 드문 일이 아니다. 가정으로 배

달되는 우편물에는 홍보전단과 최근 출판물이 잔뜩 들어있고, 라디오와 텔레비전은 종교인들이 세상 곳곳에서 무슨 일을 하고 있는지를 대중에게 전한다.

신앙에 관한 것들이 대중에게 더 많이 알려지는 것이 좋은 일이라고 생각되기 때문에 나는 반대하지 않는다. 종교가 최고의 뉴스거리가 되어야 하는 것도 분명히 맞는 일이다. 아주 많은 이들이 종교에 대해 알기 원한다는 것을 생각하면, 왠지 약간은 힘이 난다. 그런데 신앙에 대해 그토록 시끄러울 정도로 많은 소리가 들리지만, 하나님께서 이 모든 일에 대해 어떻게 생각하시는지를 우리에게 말해주는 목소리는 좀처럼 들리지 않는 것이 나를 착잡하게 한다.

질문을 두려워 마라

이 퍼레이드는 어디를 향해 가고 있는가? 애당초 이 퍼레이드가 왜 시작되었는가? 무엇보다도, 누가 영광의 앞자리에 앉아서 가고 있는가? 이런 문제의식을 갖고 퍼레이드 위로 날리는 색종이 조각들 사이로 예리한 눈길을 보내는 사람은 어디에 있는가?

우리가 관심을 가져야 할 것은 교회들이 오늘날 아주 활동을 많이 한다는 사실도 아니고 신앙인들의 활동 내용도 아니다. 왜 그런 활동을 하는가 하는 문제의식이다. 중요한 질문은 "왜?"이다. 그러나 그 누구도 이 질문에 대답해주는 것 같지 않다. 아니, 대답이 없을 뿐만 아니라 이 질문을 던지는 사람조차 거의 없다. 이 질문을 던져야 할 필요성을 느끼는 사람도 없다. 대신, 툭하면 신앙적인 것들에 대해 거의 눈 하나 깜짝하지 않고 수다나 떠는 기독교 신앙인은 많다.

예수님 시대의 사람들이 유대교가 당연히 건전하다고 믿었듯이, 오늘날의 기독교 신자들은 현재의 기독교가 건전하다고 믿는다. 사람들은 자기들의 눈앞에서 신앙적 행위나 활동이 일어나고 있다는 것은 알지만, 그것이 무엇을 의미하는지는 모른다. 뿐만 아니라 하나님이 어디에 계신지, 그분과 그런 종교 현상 사이의 관계가 어떤 것인지 전혀 모른다.

오늘날 절박하게 요구되는 것은 선지자적 통찰이다. 학자는 과거를 해석할 수 있지만, 현재를 해석하는 것은 선지자이다. 우리의 지난날에 대해 판단을 내릴 수 있게 해주는 것이 학문이라면, 우리의 현재를 판단할 수 있게 해주는 것은 통찰력이다. 지금으로부터 100년 후에 역사가들은 주후 1956년의 종교현상의 의미를 알게 되겠지만, 그것이 현재의 우리에게는 아무 의미가 없다. 필요한 것은 지금 '우리가' 알아야 한다는 것이다.

　기독교가 새로운 힘으로 충만해지려면 지금 사용되고 있는 방법과는 다른 방법을 써야 한다. 20세기 후반의 교회가 20세기 전반에 받은 상처에서 회복하려면 새로운 형태의 설교자가 나와야 한다. 회당장 타입의 예의바른 설교자로는 안 된다. 자기의 의무를 수행하고 봉급을 받지만 아무 문제제기를 하지 않는 제사장 타입의 설교자로도 안 된다. 기독교를 모든 이들이 받아들일 만한 것으로 만드는 법을 알고 말을 부드럽게 하는 목자 타입의 설교자로도 안 된다. 이런 유형들이 모두 시험대에 올랐었지만, 결국 부족한 것으로 드러났다.

　이것들과는 다른 유형의 종교 지도자가 우리 가운데 나와야 한다. 즉, 옛날의 선지자 같은 지도자가 나와야 한다. 하나님의 환상들을 보고 보좌에서 나오는 음성을 들은 사람 말이다.

　이런 사람이 일어난다면 그는, 능글맞은 웃음을 날리며 지나치게 사근사근하게 구는 우리의 문명이 아주 소중히 여기는 모든 것들을 정면으로 부정할 것이다(나는 이런 사람이 하나가 아니라 많이 나오게 해달라고 하나님께 기도한다). 그는 하나님의 이름으로 반박하고 부정하고 항의할 것이므로 기독교 세계의 다수로부터 반발과 미움을 살 것이다. 이런 사람은 단호하고 직설적으로 말하고, 세상을 향해 약간 분노할 것이다. 그리스도의 영광과 사람들의 구원을 위해 목숨이라도 내놓을 수 있을 정도로 그리스도와 사람들의 영혼을 사랑할 것이다. 하지만 언제라도 숨이 끊어져 죽을 수 있음을 추호도 두려워하지 않을 것이다.

결론적으로 말해서, 이제 교회는 성령의 은사들을 회복해야 한다. 그리고 확신하건대, 지금 우리에게 가장 필요한 은사는 예언의 은사이다.

chapter 37

우리의 현재를
솔직히
고백하라

바로 앞 장에서 나는 진리가 무차별적으로 선포되어서는 안
되고, 듣는 자들의 상황과 필요에 맞게 선포되어야 한다고 말
했다. 이것은 우리가 선지자들, 사도들 그리고 우리 주님에게
서 배울 수 있는 것이다. 이 분들은 상황을 고려하지 않은 채
특정 교리들을 특정한 시간들에 가르치도록 규정한 미련하고
기계적인 종교 교육 과정에 얽매이지 않았고, 오히려 사람들에
게 정말로 필요한 진리(하나님의 약)를 처방한 후 그것에 초점
을 맞춰 선포했다.

백성이 낙심해 있을 때에는 소망을, 백성이 제멋대로 살 때
에는 순종을, 도덕 수준이 저하될 때에는 정결을, 교만해질 때

에는 겸손을, 죄에 빠지면 회개를 선포했다. 하나님의 사람들은 도덕적 지혜를 발휘하여 계시된 진리의 전체와 어긋나지 않으면서도 상황에 잘 적용된 메시지를 전했다. 만일 그렇지 않았다면 진리의 많은 부분이 무용지물이 되었을 것이고, 수많은 기도와 노고가 아무 결실을 맺지 못했을 것이다.

치료를 위해서는 정확한 진단이 먼저다

오늘날 우리 종교계의 상황은 우리의 질병을 진단하고 그 치료책을 지혜롭게 처방해 줄 수 있는 노련한 도덕적 의사를 목마르게 기다리고 있다. 교리적으로 정확하지만 판에 박은 이야기를 반복하는 것만으로는 충분하지 못하다. 문제의 본질을 꿰뚫어보는 성령의 분별력의 은혜가 지금 우리에게 절대적으로 필요하다. 하나님께서 말씀하신 것을 아는 것만으로는 부족하다. '지금' 그분이 말씀하시는 것을 들어야 한다.

목사들이 아무리 진실하다 해도 분별력이 없으면 오류를 범할 수밖에 없다. 분별력이 없는 사람이 내린 결론은 아무 영적 감동 없이 기계적으로 사고한 것이기 때문에 반드시 오류에 빠질 수밖에 없다.

나는 그 오류를 설교단으로부터 들을 수 있고, 기독교 정기 간행물에서 읽을 수 있다. 그것은 모두 획일적인 소리를 낸다.

예를 들어 이렇게 말한다.

"다시 살아난 교회는 해외선교를 하므로 우리도 해외선교를 하면 영적으로 소생할 것이다. 건강한 교회는 영혼을 구원하므로 우리도 전도를 하면 틀림없이 다시 살아날 것이다. 초대교회는 기적을 일으켰으므로 우리도 능력의 표적과 기사를 대망(待望)하면 곧 초대교회처럼 될 것이다. 우리가 이제까지 복음의 사회적 적용에 소홀했으므로 앞으로 정치적 활동과 구제 사역에 힘쓰면 모든 것이 다시 좋아질 것이다."

이런 식의 대답을 내놓는 자들은 형편없는 카운슬러요 아무 소용없는 의사이다. 이런 조언들은 엉터리일 뿐만 아니라 영적으로 해를 끼친다.

폐결핵으로 죽어가는 환자에게 "건강한 사람들은 축구를 하지 않습니까? 그러니 나가서 축구를 하면 건강을 회복할 것입니다"라고 말하는 의사가 제정신인가? 환자에게 이런 조언을 해준다면, 그것은 결과를 원인으로 착각하는 잘못을 범했다는 것을 드러낼 뿐이다.

그런데 이런 어처구니없는 일이 지금 기독교 교단들에서 일어나고 있다. 즉, 부흥의 결과를 부흥의 원인으로 착각하고 있다. 그러다보니 부흥에 관심을 갖는 모든 이들을 혼란에 빠뜨리고, 그토록 많은 이들이 기도의 제목으로 삼고 있는 영적 소생을 오히려 철저히 가로막고 있다.

교회 역사의 이 시점에서 진정으로 필요한 것은 흔히 말하는 영혼구원이나 해외선교나 기적의 나타남이 아니다. 이것들은 결과이지 원인이 아니다.

지금 가장 절박하게 필요한 것은 그리스도인을 자처하는 우리가 서로에게, 또 하나님께 솔직히 인정하고 고백하는 것이다. 우리가 길을 잃었다는 것을, 우리가 세속적이라는 것을, 우리의 도덕적 기준이 저급하고 우리가 영적으로 차갑다는 것을 인정하고 고백하는 것이다.

이제 그만 멈추라

우리는 우리의 무수한 비성경적 활동들을 중지해야 하고, 보냄을 받지 않았는데도 스스로 이리 뛰고 저리 뛰는 짓을 중단해야 한다. 우리의 육신적 사업추진을 거룩하게 보이기 위해 "우리는 주님의 이름으로, 하나님의 영광을 위해 이 일을 합니다"라고 공언하는 헛된 짓을 그만 두어야 한다. 그리고 신약성경의 메시지와 방법들과 목표들로 돌아가야 한다. 거룩한 곳에서 소를 파는 자들과 돈 바꾸는 자들에게 분개하여 담대한 마음으로 소들을 쫓아내고 그들의 상을 엎어 성전을 깨끗케 해야 한다.

이 일은 우리의 삶에서 먼저 일어나야 하고, 그 다음에는 우리가 속한 교회들에서 일어나야 한다.

그리스도께서는 위로부터 임하는 능력을 받기 전에는 예루살렘을 떠나지 말라고 제자들에게 명하셨다. 준비가 안 된 자격 없는 자들에게 그분의 일을 맡기시지 않겠다는 그분의 의지가 이 명령 안에 담겨 있다. 어떤 사람을 데리고 와서 우리처럼 '보통 이하의 영적 상태'에 가두어두는 것보다 더 중요한 것은 우리가 제대로 된 사역을 할 수 있도록 준비하는 것이다.

그리스도의 말씀에 순종해야 하는 시험을 통과하지 못한 사람들이 어떤 이를 기독교로 끌어들여봤자 결국은 그들과 똑같은 종류의 그리스도인을 만들어낼 뿐이다. 영적 능력을 받지 못한 사람들이 선교의 일을 해봤자 외국 땅에 무기력한 기독교를 심어놓는 것 밖에 안 된다. 이교도의 나라에 세워진 교회는 그것을 세운 사람들의 영적 삶보다 더 높은 수준으로 올라갈 수 없기 때문이다.

진정한 회개는 깨끗한 마음과 성결한 삶을 낳는다. 하나님께서 산에서 우리에게 보여주신 본(本, 히 8:5)에 따르겠다고 굳게 결심하고 역경을 헤치며 그 길을 가면, 그분이 우리의 노력에 미소를 보내실 것이다. 그렇게 되면 우리의 전도의 결실이 결코 작아지지 않고 오히려 더 커질 것이며, 선교활동이 줄지 않고 오히려 늘어날 것이며, 우리가 하는 모든 일이 다 형통하여(시 1:3) 하나님께서 국내와 해외에서 범사에 영광을 받으실 것이다.

chapter 38

미신에 대하여
한 마디

타락한 인간의 본성 안에는 미신이 없을 수 없다. 미신에서 완전히 자유로운 사람이 없다는 것이 내 생각이다. '미신의 속박으로부터의 자유'에 가장 근접한 것처럼 보이는 두 부류의 사람들이 있다. 하나는 증명될 수 없는 것을 받아들이지 않는 정신적 성향을 발전시켜온 과학자이고, 다른 하나는 초자연적인 것을 무시하도록 자신을 훈련시켜온 철학적 회의주의자이다. 영적인 것의 존재를 부정하기 때문에 이들은 자연적인 것들의 예측 가능한 법칙에 희망을 걸기도 하고 그 법칙을 두려워하기도 하지만, 이것은 초자연적인 것에서 해방되기 위해 치르는 대가치고는 너무 비싼 대가인 것 같다.

이들은 밴시(아일랜드 민화에서 구슬픈 울음소리로 가족 중 누군가가 곧 죽게 될 것임을 알려준다는 여자 유령 – 역자 주), 레이스(현재는 살아 있지만 곧 죽게 될 사람이 유령의 모습으로 나타나는 것 – 역자 주), 그리고 애퍼리션(흔히 '유령'으로 번역되며, 초자연적 존재의 나타남을 가리키는 일반적인 단어 – 역자 주)을 쓸어버리는 데 사용한 빗자루로 천사, 천국 그리고 (이런 표현을 쓸 수 있다면) 하나님까지 쓸어버린다. 뿐만 아니라 기도의 능력에 대한 믿음, 죄의 심판에 대한 두려움, 그리고 미래의 생명에 대한 희망까지도 쓸어버린다.

비과학자들의 과학

내가 볼 때, 이렇게 하는 것은 매우 비과학적이고 극도로 비이성적인 것이다. 자기의 과학적인 정신과 이성을 가장 큰 자랑거리로 삼는 자들이 이런 비과학적이고 비이성적인 태도를 보인다는 것은 정말 아이러니이다. 검은 고양이에 대한 두려움을 제거하기 위해 하나님에 대한 두려움까지 제거하는 사람은 자신의 무지(無知) 때문에 해를 당하는 것이다. 이런 사람은 행운을 불러오기 위해 문 위에 말굽을 박아놓거나 불행의 공격을 막기 위해 호주머니에 마로니에 열매를 넣고 다니는 사람만큼 어리석은 것이다. 이 두 사람은 모두 이성적으로 행동하는 것이 아니다.

미신은 '너무 쉽게 믿는 것' 즉 경신(輕信)의 자식이며, 오류
와 절반의 진리를 먹고 성장한다. 미신은 결혼예복을 입지 않
은 사람처럼(마 22:11-13) 성도의 무리 안으로 슬그머니 들어오
기 때문에 분별의 은사가 있는 사람이 저지하지 않으면 '믿음
의 진짜 자녀'로 위장한다. 미신과 신앙이 비슷한 것은 독버섯
과 버섯이 비슷한 것과 같은 이치이다. 하나는 좋은 영양 식품
이지만 다른 하나는 위험한 독을 갖고 있다.

신앙은 하나님의 성품을 보여주는 성경의 계시를 받아들이
기 때문에 그분께 영광을 돌린다. 신앙은 그분의 말씀에 따라
그분을 이해하고, 그 이해에 따라 스스로의 개념들을 조정해
나간다. 하지만 미신은 그분께 전혀 어울리지 않는 것들을 믿
기 때문에 그분의 영광에 먹칠을 한다. 하나는 사실에 근거한
것이고, 다른 하나는 망상에서 나온 것이다.

내가 앞에서 말했듯이, 미신에서 완전히 자유로운 사람은
없는 것 같다. 심지어 참된 그리스도인도 예외는 아닌 것 같
다. 하나님에 대한 우리의 개념들이 성경과 성령에 의해 교정되
고 정화되지 않으면 그것들 안에 오류의 요소가 없을 수 없기
때문에, 이런 개념들에서 나온 신앙적 신념들 안에는 어느 정
도 미신이 끼어들 수밖에 없다.

이런 내 말에 열 받아서 씩씩거리며 "나는 결코 그렇지 않소!"라고 소리치는 그리스도인이 아마도 있을 것인데, 그렇게 한다 해도 그에게 미신이 없는 것은 아니다. 오히려 미신이라는 잘못에다가 편협함과 분노를 더함으로써 자기의 잘못들의 가짓수를 늘릴 뿐이다.

'미신이 하나님의 영광을 가린다면 미신이 악한 것이 아닌가? 미신적 사고를 하는 그리스도인은 하늘에 계신 지극히 크신 분에게 중죄를 짓는 것이 아닌가?'

이 질문에 우리가 바라듯이 딱 부러지게 칼 같이 대답할 수 있으면 좋으련만, "그렇다!" 또는 "아니다!"가 모두 틀린 대답이 될 것 같다. 그 이유를 설명하자면 다음과 같다.

하나님을 알아갈수록 오류는 줄어든다

우리가 처음에 그리스도를 통해 하나님을 만날 때 우리의 마음은 이교도의 마음이며, 하나님에 대한 우리의 관념들에는 진리와 절반의 진리와 무지와 오류가 섞여 있다. 우리의 마음을 덮고 있는 어둠의 베일이 회심을 통해 어느 정도 벗겨져 복음의 빛이 들어온 것은 사실이다. 그러나 자신의 마음을 꼼꼼히 분석할 능력이 있는 사람은 아직도 밝히 드러나지 않은 흐릿한 개념들이 자기에게 아주 많다는 사실을 부인하지 못할 것이다.

영적으로 새로 태어난 사람은 하나님을 안다. 요한복음 17장 3절이 말하듯이 '깊은 영적 의미에서' 아는 것이다.

"영생은 곧 유일하신 참 하나님과 그가 보내신 자 예수 그리스도를 아는 것이니이다"(요 17:3).

그런데 영적 생명을 주는 이런 깊은 앎이 생겼다고 해서 하나님에 대한 완전한 개념에 즉시 도달하는 것은 아니다. 생명을 받은 사람도 불완전한 종교적 교훈, 편견, 잘못된 판단 그리고 흠 있는 신학교육의 영향에서 완전히 자유로울 수는 없다. 이런 것들에서 자유로울 수 없는 그만큼, 하나님과 영적 일들에 대해서 황당하고 미신적인 관념들이 남아있을 수밖에 없다.

하나님을 처음 만났을 때 이런 종류의 오류는 불가피하다. 그리스도인이 힘써 여호와를 알면(호 6:3), 날이 바뀌고 해가 바뀌면서 그가 아는 진리들이 점점 늘어나고 오류의 폭은 점점 줄어들 것이다. 그러므로 그리스도인의 삶의 어떤 시점에서든 하나님에 대한 불완전한 개념이나 심지어 황당한 개념이 그에게 있을 수 있지만, 땅 깊은 곳에서 일하는 광부처럼 보이지 않게 일하시는 성령께서 오류를 몰아내고 삼위일체 하나님에 대한 순수하고 고상한 개념들을 채우기 위해 애쓰신다.

그리고 이런 일이 일어나는 동안 하늘의 아버지께서는 우리의 불완전함을 참아주시는데, 그 이유를 성경에서 찾자면 "그가 우리의 체질을 아시며 우리가 단지 먼지뿐임을 기억하심이로다"(시 103:14)라는 말씀에서 발견될 것이다.

chapter 39

하나님을 아는 것이
두려움을
이긴다

앞 장에서 말했듯이, 모든 미신의 뿌리에는 하나님의 성품에 대한 부정확하고 황당한 개념이 놓여 있다. 미래의 행동을 예측하는 데 중요한 요소는 성품이다. 우리는 우리의 친구들이 어떤 특정 상황에서 어떻게 행동할 것인지를 합리적으로 정확히 예측할 수 있는데, 그 이유는 그들이 어떤 종류의 사람인지를 알기 때문이다. 이것은 하나님의 경우에도 마찬가지이다. 그분이 어떻게 행동하실 것인지에 대한 우리의 판단은 그분의 성품에 대한 우리의 개념에 의해 결정된다. 언젠가 하나님은 시편 기자를 통해 "네가 나를 너와 같은 줄로 생각하였도다"(시 50:21)라고 말씀하셨다.

미신은 하나님의 성품이 인간의 성품과 똑같다는 오해에서 비롯된다. 이런 오해는 인간을 그분의 형상으로 만드신 그분의 창조 행위를 거꾸로 뒤집는 것이다. 타락한 인간은 하나님께서 자기와 아주 비슷하시므로 자기처럼 행동하실 것이라고 예상한다.

좀 더 분명히 말할 것 같으면, 인간은 하나님께서 변덕스런 분이시라고 믿기 때문에 그분이 인간을 다루시는 방법이 충동적이고 예측불가일 것이라고 생각한다. 이런 생각에서 수십 가지 미신적 공상이 쏟아져 나왔고, 여러 해를 거치면서 사람들에게 받아들여졌다. 그러다 보니 여러 종류의 두려움이 생기게 되었다. 검은 고양이, 흉조(凶兆), 징조, 마법수, 이런 것들에 대한 두려움은 하나님을 짓궂은 장난이나 핼러윈 장난을 좋아하는 퍽(잉글랜드의 민담에 나오는 장난꾸러기 요정) 같은 존재로 보는 수치스런 관념 때문에 생긴다.

사람들은 이런 두려움에서 벗어날 수 있는 유일한 방법이 천상의 장난꾸러기로부터 인간을 지켜주는 모종(某種)의 언어나 암호를 아는 것이라고 믿는다. 그러다 보니 1001가지 결혼 풍습과 다양한 장례 관습이 생겨났다. 그뿐인가? 출생, 사망, 여행, 음식, 의복, 수면, 추수하기, 질병 그리고 이 땅의 삶의 거의 모든 부분과 관계되어 무수한 미신적 관습이 생겨났다.

내가 이렇게 말하니까 어떤 이들은 "사람들이 두려워하는 것은 하나님이 아니라 귀신들이다. 즉, 마귀와 악한 영들이다"라고 말할지 모르겠다. 이렇게 말하는 사람들에게 나는 "이 모든 것이 결국 미신이다. 하나님을 이런 모든 미신적 행태의 한 당사자로 만들기 때문이다"라고 대답하겠다. 이런 사람들의 미신적 사고의 바탕에는 다음과 같은 생각이 깔려 있다.

"하나님이 우리의 편이시라 해도 우리가 나무를 두드리거나 어깨 너머로 소금을 뿌리거나 십자를 긋는 것 같은 일종의 주술적 행위를 하지 않으면 그분이 우리를 도우실 수 없다. 그분이 이런 악한 힘들에 어느 정도 종속되시기 때문에 우리의 협조가 없으면 그 힘들에 맞설 능력이 없으신 것이다. 우리의 협조라는 것은 호텔 13층의 투숙을 피하거나, 새 달을 볼 때에는 오른쪽 어깨 너머로 보거나, 사제가 축복기도를 해준 부적을 붙이거나, 마귀를 쫓아버리는 특별한 능력이 있다고 믿어지는 경전의 구절을 암송하는 것 등을 말한다."

그러나 이런 생각은 하나님께 합당하지 않는 것이며, 하늘에 계신 지극히 높으신 분의 위엄을 깎아내리는 것이다.

또 어떤 이들은 하나님이 쉽게 앙심을 품는 성질 나쁜 분이시라고 믿는다. 이들에 따르면, 그분은 말이나 몸짓이나 습관에 부주의한 사람에게 재빨리 복수하는 분이시다. 그에게 악의나 고의성이 전혀 없더라도 말이다. 이런 생각을 가진 사람들은 자신을 잣대로 삼아 그분을 판단하고, 그분이 자기와 같은 줄로 생각하는 것이다.

그러나 우리가 처음에 범죄하여 은혜에서 떨어져 나갔을 때 그분이 우리처럼 행동하지 않으신 것이 우리로서는 너무나 감사한 일이다. 그 비극적인 시간에 그분이 '그분답게' 행동하셨기 때문에 우리에게 영원한 소망이 있는 것이다. 그분의 행동은 그분 자신의 거룩한 본성에서 나왔으며, 결국 그분은 그분께 무서운 상처를 안겨드린 죄를 범한 자들을 위해 그분의 독생자를 십자가의 죽음에 내어주셨다. 그러므로 속량 받은 자들은 "죽임을 당하신 어린양은 능력과 부와 지혜와 힘과 존귀와 영광과 찬송을 받으시기에 합당하도다"(계 5:12)라고 영원히 노래할 것이다.

하나님을 바로 알자

미신을 치료하는 방법은 하나님을 정확히, 더 많이 아는 것이다. 단지 그분의 이름들뿐만 아니라 그분의 성품과 본질을 아는 것이다. 마귀가 특정 표현이나 몸짓을 두려워한다는 생각은 순전히 미신이다. 그는 어떤 이름도 두려워하지 않는다.

심지어 '예수'라는 이름도 두려워하지 않는다. 라틴 아메리카에는 '예수'라는 이름을 가진 사람이 수천 명 있지만, 사탄은 그들을 두려워하지 않는다. 글자들의 결합을 통해 만들어진 단어는 사탄의 마음에 두려움을 심어주지 못한다. 그가 두려워하는 분은 '예수'라는 이름을 가진 '저 영광스런 분'이시다.

하나님께서는 '예수'라는 이름에 '주(主)와 그리스도'라는 칭호를 붙여주셨는데, 이것은 하늘과 땅의 모든 권세가 그분께 주어졌음을 의미한다. '예수'라는 이름 뒤에는 주권적인 분(하나님의 아들이요 우리의 구주이신 분)이 계시다. 바로 이 분이 무서워 사탄은 도망하는 것이다. 그러므로 단지 단어나 문구로 사탄을 이기려고 하는 것은 시간과 노력의 낭비일 뿐이다.

우리가 하나님을 아는 그만큼 미신적 두려움에서 벗어나게 될 것이다. 반면 징조, 몸짓, 어구(語句) 그리고 종교적 물건들에 영향을 받는 그만큼 미신의 속박과 올무에 걸려들게 될 것이다.

최근 내가 주목한 한 가지 현상은 소위 복음주의자라는 사람들이 종교적 소품과 도구에 새롭게 관심을 갖는 것이다. 이런 것들은 우리의 개신교 조상들 같았으면 성령께서 더욱 넓게 활동하시도록 내다 버렸을 것이다. 현재 거대한 그리스도의 그림, 제단 위에 걸린 십자가, 양초 및 다양한 상징물이 우리의 교회들에서 점점 더 많이 눈에 띄고 있다. 이런 말을 하기는 나도 싫지만, 이런 일은 기독교선교연합 교단의 일부 교회들에서도 일어나고 있다.

이런 것은 교회를 형식주의와 죽음으로 돌아가는 확실한 방법이다. 회중 가운데에서 그리스도의 임재가 더 많이 느껴질수록 이런 것들은 불필요하며, 심지어 불쾌감을 불러일으킬 것이다. 그리스도의 임재가 사라지면 이런 상징들이 대신 들어와 초라한 대용품 역할을 하게 된다.

인간의 마음은 무엇인가를 사랑하고 두려워하지 않으면 견디기 힘들다. 참 하나님을 놓치면 자기의 신을 만들어낸다. 많은 사람이 모여 거짓 신에게 기도한다면, 그것은 어떤 의미에서든 교회가 아니다. 비록 그들의 건물 앞에 '기독교' 또는 '교회'라고 쓰인 간판이 걸려 있을지라도 말이다.

영혼의 사이즈size를 키워라

초판 1쇄 발행	2018년 11월 23일
지은이	A.W. 토저
옮긴이	이용복
펴낸이	여진구
책임편집	이영주, 김윤향
편집	안수경, 최현수, 김아진, 권현아
책임디자인	조아라 ǀ 마영애, 노지현

기획·홍보	김영하	해외저작권	기은혜
마케팅	김상순, 강성민, 허병용	마케팅지원	최영배, 정나영
제작	조영석, 정도봉	경영지원	김혜경, 김경희

이슬비전도학교　최경식　　303비전성경암송학교　박정숙
303비전장학회 & 303비전꿈나무장학회　여운학

펴낸곳　규장

주소　06770 서울시 서초구 매헌로 16길 20(양재2동) 규장선교센터
전화 02)578-0003　팩스 02)578-7332
이메일 kyujang0691@gmail.com　홈페이지 www.kyujang.com
페이스북 facebook.com/kyujangbook　인스타그램 instagram.com/kyujang_com
카카오스토리 story.kakao.com/kyujangbook
등록일 1978.8.14. 제1-22

ⓒ 한국어 판권은 규장에 있습니다.
이 출판물은 저작권법에 의해 보호를 받는 저작물이므로 무단 전재와 무단 복제를 할 수 없습니다.

책값　뒤표지에 있습니다.
ISBN　978-89-6097-557-6　03230

규ǀ장ǀ수ǀ칙

1. 기도로 기획하고 기도로 제작한다.
2. 오직 그리스도의 성품을 사모하는 독자가 원하고 필요로 하는 책만을 출판한다.
3. 한 활자 한 문장에 온 정성을 쏟는다.
4. 성실과 정확을 생명으로 삼고 일한다.
5. 긍정적이며 적극적인 신앙과 신행일치에의 안내자의 사명을 다한다.
6. 충고와 조언을 항상 감사로 경청한다.
7. 지상목표는 문서선교에 있다.

하나님을 사랑하는 자 곧 그의 뜻대로 부르심을 입은 자들에게는 모든 것이 合力하여 善을 이루느니라(롬 8:28)

규장은 문서를 통해 복음전파와 신앙교육에 주력하는 국제적 출판사들의 협의체인 복음주의출판협회(E.C.P.A:Evangelical Christian Publishers Association)의 출판정신에 동참하는 회원(Associate Member)입니다.